The World of "Miss Saigon"

増補改訂版

『ミス・サイゴン』の世界

戦禍のベトナムをくぐり抜けて

麻生享志

小鳥遊書房

†目次

第2部　『ミス・サイゴン』へ

第6章　ベトコンの幽霊はいずこに——モーニング・オブ・ドラゴン　125

第7章　望まれざる子どもたち——ブイ・ドイの歌　143

第8章　ベトナム戦争の妻たち——今も信じてるわ　161

第9章　キャスティングをめぐる夢と幻滅、そして現実——アメリカン・ドリーム　177

『ミス・サイゴン』クイックガイド

【凡例】

＊引用・参考資料は巻末にまとめた。

＊本文中における引用元は、（　）で本文中に示し、著者名と該当ページのみを記した。なお、インターネットからの引用は、サイト名と該当するパラグラフをその代わりとした。

＊本文中で紹介のみに留まっている書籍や映画、楽曲については、書誌情報を割愛した。ただし一部の楽曲などは読者が視聴できるよう、ＵＲＬを本文に記している。

＊主に一九八九年初演のセリフ・歌詞を参考にし、必要な場合は著者が意訳した。

＊本田美奈子氏の芸名は上演当時のもので記した。

はじめに

一九八九年ロンドン、ウェストエンドで封切られたミュージカル『ミス・サイゴン』。『キャッツ』（一九八一）にはじまるミュージカル・ブームは、『レ・ミゼラブル』（一九八〇、一九八五）、『オペラ座の怪人』（一九八六）といった大作のリリースを経て、かつてない盛り上がりを見せていた。そのなかで、いわゆるレミゼ（『レ・ミゼラブル』の略称）のフランス人チーム、作曲家クロード＝ミッシェル・シェーンベルクと作詞家アラン・ブーブリルが鳴り物入りで準備したのが、『ミス・サイゴン』だった。巨大なヘリコプターを大道具に、最新のコンピュータ技術を駆使した舞台装置が注目を集めたのはもちろん、全世界公募から選ばれたフィリピンの新星レア・サロンガを中心に展開されるベトナム戦争末期のストーリーが、大きな話題を呼んだ。

舞台は開幕前からの大人気。空前の売り上げとなった前売りも手伝い、『ミス・サイゴン』は大ヒット。二年遅れではじまったニューヨーク公演も大好評で、英米ともに一〇年におよぶロングランとなった。一九九二年には日本にも上陸。今は亡き伝説の歌姫本田美奈子（一九六七—

二〇〇五）をメインキャストに、エンジニア役として市村正親が笹野高史とともに舞台を引っ張った。一一一万人の来場者を集めた公演は、一九九三年に一度は閉幕したものの、その後再演を繰り返している。

その舞台設定は、ベトナム戦争末期の南ベトナム共和国首都サイゴン。ナイトクラブで出会ったベトナム人少女キムとアメリカ人兵士クリスは、一夜をともにし、深く結ばれる。しかし、南ベトナムの崩壊によりふたりの仲は引き裂かれ、クリスは帰国しアメリカ人女性エレンと結婚。やがてクリスの子どもタムを産んだキムはバンコクへ逃れると、キムの生存を知って彼の地を訪れたクリスと再会する。そして、訪れる悲劇的な幕切れ……。

実のところ、このミュージカルには、とても簡単には語りきれない歴史や文化的背景がある。舞台上演にあたっても数々の困難が過去にはあった。本書ではそうしたことをていねいに説明し、理解を深めていきたい。

1　すべては一枚の写真からはじまった

ミュージカル『ミス・サイゴン』の出発点は、シェーンベルクがフランスの雑誌で見たという一枚の写真にある（【写真1】）。一九七五年、陥落寸前のベトナム共和国首都サイゴンの空港で、沈黙の別れを告げる母と泣き叫ぶ娘の姿を写した一枚。一一歳の娘はひとり退役軍人の父が待つアメリカへと出国した。

アメラジアン。アメリカ人とベトナム人の両親から生まれた混血児は、ベトナムではブイ・ドイ、訳して「埃《ほこり》の子」と呼ばれ蔑《さげす》まれた。それだけではない。迫り来る北ベトナム軍を背後に、共産党政権がベトナムを統一すれば、このような子どもたちを待ち受けるのは最悪の人生。その思いが悲しみよりも先に、母の心を動かした。

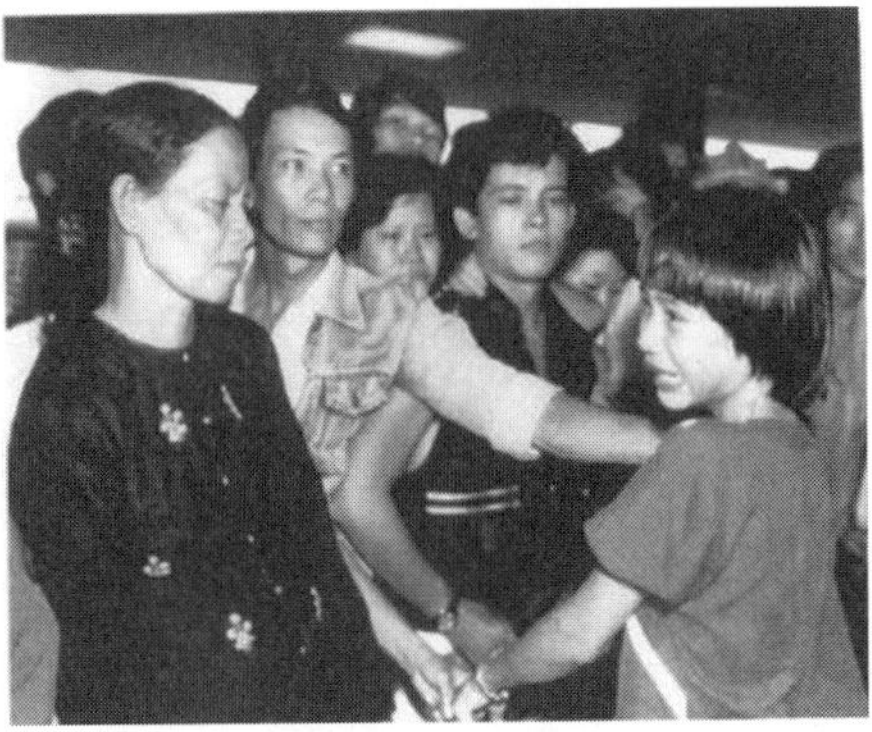
【写真1】 永遠の別れ
──「すべては一枚の写真からはじまった」(シェーンベルク)

同じような境遇の母親たちは、当時サイゴンには数多くいた。なかには運良くアメリカ軍人の夫と国外へ逃れる家族もいた。しかし、多くはサイゴン陥落の混乱のさなか、キムのように夫と生き別れになるか、シェーンベルクの見た写真の母のように二度と会えないと知りながら、子どもの運命をアメリカに託した。母が発する言葉にならない叫びを舞台に上げたのが、『ミス・サイゴン』だった。

シェーンベルクがこの写真を見たのは、一九八五年のこと。サイゴン陥落からすでに一〇年の歳月を経ていた。とはいえ、アメリカでは戦争の記憶はまだ生々しく、退役兵の多くは心的外傷後ストレス障害、いわゆるＰＴＳＤに苦しんでいた。フランシス・フォード・コッポラ監督による『地獄の黙示録』（一九七九）をはじめ、ベトナム戦争を題材にする映画はすでにいくつか撮られていたが、史実に向き合うような作品、たとえばオリバー・ストーン監督の『プラトーン』（一九八六）はまだ公開されていなかった。

この写真を見た瞬間、「プッチーニがステージにした作品」、すなわちオペラ『蝶々夫人《マダム・バタフライ》』（一九〇四）のことを連想したというシェーンベルク（Breslauer par. 37）。一方、作詞を担当したブーブリルは、当時を振り返りこう語る。

当初は、ベトナム戦争のミュージカルを作ろうとは思いませんでした。男女間の誤解がきっかけで生じる、悲劇的な恋愛を描くのに相応しい時代を見つけるのが課題でした。蝶々夫人の悲劇をベトナム戦争の歴史に照らして描きなおすのは、とても危険なことでした。『プラトーン』も何もまだなかった時代のことですから。（pars. 39-49）

それでもふたりがベトナム戦争をテーマにしたのは、当時すでに大ヒットしていた『レ・ミゼラブル』の存在が大きい。ヴィクトル・ユーゴー（一八〇二–一八八五）の小説を原作にする舞台が一九世紀初頭のフランスを題材にしている以上、ヨーロッパの歴史物語を繰り返すわけにはいかない。そう感じたふたりは、その対局にあるものを求めた。ブーブリルはこう続ける。

現代的な物語が必要でした。でも、それだけではありません。自分たちの知らない歴史にあえて挑戦したかったのです。わたしたちだからこそできたのだと思います。それにアメリカ人が手を出す代物ではありませんでした。(par. 42)

フランスの旧植民地だったベトナムの独立運動から、第二次世界大戦後すぐに起きたのが第一次インドシナ戦争だった。それをアメリカが引き継ぐようにしてはじまったのがベトナム戦争だ。戦後、ベトナムからの難民は、アメリカだけではなくフランスをはじめとするヨーロッパ各国にも押し寄せていた。歴史的背景を考えれば、いささか微妙なブーブリルの発言ではある。

ただ、ブーブリルもこの点は充分に意識して制作にあたった。日本版『ミス・サイゴン』初演の劇場パンフレットには、「ベトナムはかつてフランスの植民地であり、アメリカより先に、フランスが誤りを犯していた」と記している(ブーブリル 一二)。『ミス・サイゴン』のキーパーソン「ドリームランド」のオーナー、エンジニアはフランス人男性とベトナム人女性の間に生まれた混血児。この舞台の重要なテーマのひとつブイ・ドイにあたる。フランスがはじめた戦争の傷痕は、舞台でもしっかり伝えられることになる。

ベトナム戦争のミュージカルという構想を抱いたシェーンベルクとブーブリルが次に行なった

のは、『キャッツ』や『レ・ミゼラブル』を手がけた英国人プロデューサー、キャメロン・マッキントッシュにこの話を持ちかけることだった。そのときのことを振り返り、マッキントッシュはこう語る。「危険だと思いました。テレビで戦争を見ていた世代が相手になるのです。綱渡りになるに違いないと感じました」(Breslauer par. 48)。

それでもマッキントッシュは、レミゼのフランス人コンビにアメリカ人脚本家リチャード・モルトビーJr.を紹介し、『ミス・サイゴン』の制作を進めることにした。これがクリスをはじめアメリカ人の登場人物の役作りに、深みを与えることになる。

こうして四年と五〇〇〇万ドル以上の制作費をつぎこんで作られた舞台は、一九八九年にロンドンで封切られた。前売りチケットだけでも八〇〇万ドルを売り上げた『ミス・サイゴン』。その舞台が大成功を収めたことは言うまでもない (par. 56)。

2 『蝶々夫人』と『お菊さん』

シェーンベルクとブーブリルにとって、『ミス・サイゴン』制作にあたりその原点となったのは、イタリアの作曲家ジャコモ・プッチーニ(一八五八—一九二四)によるオペラ『蝶々夫人』だった。ただ、制作を進めるにつれ、ブーブリルはそのオペラが、一九〇〇年ニューヨークで舞台上演されたデヴィッド・ベラスコ(一八五三—一九三一)の劇『蝶々夫人』をもとにすることを知る。一方、かつてベラスコは、法曹家ジョン・ルーサー・ロング（一八六一―一九二七）が文芸誌『センチュリー・マガジン』に掲載した中編小説『蝶々夫人』（一八九八）を読み、これを原作に舞台を作った。

そのロングによる物語は、長崎の芸者「蝶々さん」が、日本に一時寄港したアメリカの軍人ピンカートン中尉に見初められ結婚するという話。茶目という男児をもうけるものの、任務を終えたピンカートンは、正妻ケイトが待つアメリカへすでに帰国。夫を信じる蝶々さんは、ピンカートンの帰りを待ち続けるが、いくら待てども帰ってこない。

やがて姿を現したピンカートンは、罪悪感を覚えつつも、妻ケイトを蝶々さんのもとに送りこむ。蝶々さんはケイトに茶目を引き渡すことを約束。自ら命を絶とうとする。が、首に当てた蝶々さんの「刀は鈍く床に落ち」、「小さな召使いが入ってきて、蝶々さんの傷をくるむ」（ロング九三、九四）。つまり原作『蝶々夫人』では、蝶々さんは一命を取りとめる。これを悲劇的な最期に書き改めたのは、小説を舞台化したベラスコの仕事。それをロンドンで観たプッチーニがオペラにのせて世界に広めた。

明治初期の日本を舞台に、女性の悲劇を描いたロングの原作。一九世紀末のジャポニズムと呼ばれる日本ブームに乗じて書かれた人気の小説だった。だが執筆にあたり、アメリカ東海岸の都市フィラデルフィアで生まれ育ったロングは、一度も日本に来たことはない。宣教師の夫とともに来日し、滞在経験があった姉サラ・コレルから日本の話を聞いて、『蝶々夫人』を執筆した。

小説の舞台となった長崎といえば、鎖国が続いた江戸時代にも出島を通じてオランダやポルトガルといったヨーロッパの国々と通商関係にあった港町。そうしたことから、明治期としては比較的多くの外国人が暮らしていた。だから、ロングが描く外国人男性と日本人女性の親密な関係は、現実にあったことのようだ。

蝶々夫人のモデルとなった女性については諸説ある。なかでも有力なのは、今では長崎観光の名所のひとつグラバー邸の主人トーマス・グラバー（一八三八―一九一一）をめぐる女性たちといわれる。グラバーはスコットランド出身の商人で、江戸末期の一八五九年に、上海経由で長崎に来た。グラバー商会を設立した後、炭鉱経営に乗り出し、三菱財閥との関係を深めた蓄財の人。私生活では、大阪で造船業を営む淡路屋の娘、談川ツルという女性と結婚（「蝶々さんとピンカートン」par. 19）。二児をもうけるが、長男倉場富三郎（一八七一―一九四五）は、愛人だった加賀マキとの間にできた子どもらしい。富三郎をツルが引き取ると、マキは自殺したという。

一方、混血児であることに終生葛藤《かっとう》した富三郎は、鎮西学院、学習院を経てオハイオ州のウエスレヤン大学に進学。帰国後は、トーマスの親友ジェームズ・ウォルターの次女中野ワカと結婚した。第二次世界大戦時には、スパイ容疑をかけられ夫婦とも自宅軟禁の憂き目に。ワカは戦時中の一九四三年、結核で死去。富三郎は終戦後まもなく、自ら命を絶った。上陸寸前の連合国から新たなスパイ嫌疑をかけられることを恐れての自殺だったという（Burke-Gaffney 153, 160-61, 170-

72)。

おそらくロングは、ツルやマキの話を姉のサラから聞いたのだろう。コレル夫人は夫の布教活動を手伝い、横浜や長崎といった港町を訪れた。長崎ではキリスト教系学校の設立に携わり、地元の人々との交流も深かった。一九三一年に再来日した際には、帝国ホテルの講演で当時のことを語っている。

私がはじめて長崎に、夫のコレル博士と鎮西学院を設立するため赴いた時、出入りの商人からお蝶さんの哀れな死の物語りを聞かされましたが、この話は私どもの胸に大変印象深く刻まれました。数年後私は帰米して、フィラデルフィアで弁護士をしていた弟のジョン・ルーサー・ロングにこの物語りを話して聞かせると、弟は非常に感激して、これを『マダム・バタフライ』という題名で、その儘の実体を小説にしました。（古崎 九六）

ただし、『蝶々夫人』には種本があるといわれる。そのことは、ブーブリルも気づいていた。フランスの海軍士官ルイ・マリー＝ジュリアン・ヴィオー（一八五〇―一九二三）が、ピエール・ロティのペンネームで著した『お菊さん』（一八八七）という小説だ。書かれた当時はヨーロッパで流行りのジャポニズムの影響から注目された作品だったが、二〇世紀後半にはすっかり忘れ去られていた。『お菊さん』を読んだこともなければ、聞いたこともなかったというブーブリル。偶然ロンドンの街角でこの本を見つける。それは、まさに運命の出会いだった。

そのフランス小説の作者ロティは、一八八五年と一九〇〇年に日本に滞在した恋多き伊達男。麹町にあった日本外交の舞台、鹿鳴館の舞踏会にも足しげく通った。また、最初の来日では長崎にも滞在。懇意の日本人女性がいたらしい。ふたりの関係が『お菊さん』の原案になったという。

実際、ロティ自身をモデルにするフランス人の語り手が描く物語は、『蝶々夫人』と類似点も多い。当時の外国人男性と日本人女性の間柄をコミカルに描く。ただし『お菊さん』と『蝶々夫人』の最大の相違点は、ロティが描く芸者のドライな性格。男との関係を所詮ビジネスと割り切るお菊は、謝礼の銀貨を気にするも、去りゆく語り手を追いかけたりはしない（Jenkins par. 2）。

ロティの本を読んだブーブリルは、『蝶々夫人』がフランス起源の物語であることを知り、プッチーニの呪縛《じゅばく》から解放されるのを感じたという。また、「一九七五年のサイゴンにはじまる物語を書く自由」を得た瞬間だったともいう（ブーブリル 一二）。こうして『ミス・サイゴン』は、一気に完成に向けて動きだす。

3 『ミス・サイゴン』をめぐる争い

一九八九年のロンドンからはじまった『ミス・サイゴン』。劇場での人気とは裏腹に、一部の演劇関係者や専門家にはひどく評判が悪い。一九九一年のニューヨーク公演では、ベトナム人とフランス人の混血児というエンジニア役を、イギリス人俳優ジョナサン・プライスが演じることが、アメリカ演劇界で大騒動を引き起こした。というのも、ウェストエンドとは違い多くのアジア系俳優を擁するブロードウェイでは、いかにプライスが名優とはいえ、白人俳優がアジア系の役を演じることは許されなかったのだ。加えて、女性といえばダンサーかホステス、男性ならばポン引きか顔の見えない兵士という紋切り型のベトナム人の描かれ方に、アジア系の批評家が一斉攻撃を浴びせた。

また、二〇一七年にニューヨークで封切られたリバイバル公演と続くツアー公演では、戦争当事者のベトナム系アメリカ人から手厳しい声が寄せられた。その代表格が小説家ヴィエト・タン・ウェンだ。ウェンといえば、アメリカに潜入したベトナム人スパイを主人公にする小説『シンパサイザー』で、二〇一五年に作家デビューを果たしたロサンゼルス在住のベトナム系難民のひとり。一九七五年のサイゴン陥落の際に、両親とともにボートピープルとしてベトナムからアメリカへ渡った。『シンパサイザー』では、優れた文芸作品に贈られるピューリッツァー賞を受賞(二〇一六)し、今やベトナム系アメリカ人を代表するご意見番だ。

そのウェンが二〇一九年夏、ロサンゼルス公演を前に『ニューヨーク・タイムズ』紙に寄せた記事のタイトルが「『ミス・サイゴン』にカーテンを」。『ミス・サイゴン』の舞台がアジア系役者に貴重な出演機会を与えてきたことを認めた上で、次のように批判した。

芸術鑑賞が、人種差別や性差別と無縁な行為だとは言えません。〔中略〕アジア系女性への蔑視や偏見が、作品を楽しむ気持ちと無関係とは言えないのです。人種的に見下している相手や、性的に劣っていると思う相手を好きになることは、ごく普通にあることです。『ミス・サイゴン』が意図せずして教えてくれるのは、こうした真実です。(Nguyen, Viet Thanh, par. 9)

もちろんウェンは、人種的・性的偏見には反対する立場を取る。だからこそ、キムが死ぬクライマックスを皮肉って、「死ぬべき」はベトナム人女性ではなく、『ミス・サイゴン』という作品そのものだと強く非難した(par. 11)。

ウェンのような純文学の作家が、エンターテインメントの作品にここまで目くじらを立てなくても良いのでは、と感じる読者もおられるだろう。だが、彼にしてみれば、むしろこれがショービジネスの世界で上演されるファンタジーだからこそ放っておけないのだ。なぜなら、「ファンタジーこそ、わたしたちの心に潜む欲望に深く訴えかける」ものだから(par. 8)。

確かに『ミス・サイゴン』の観衆は、「自分自身が自殺するアジア人女性ではない」という前提の下にショーに来る(par. 8)。そして、知らず知らずのうちにクリスの立場を受け入れて、この舞台を観るようになる。クリスはキムやエレンを惹きつける魅力的な男性だし、父親としてタムを救うに相応しい人物だ。観る者はそう思い、キムの死に涙を流す。

もっとも、ベトナム系アメリカ人の誰もが、この舞台に不満を感じているわけではない。二〇一三年、中国ツアーでベトナム系アメリカ人として初めてキム役に抜擢され、二〇一九年のカリフォルニア公演でも主役を務めたジャッキー・グエンは、『ミス・サイゴン』を高く評価する。ジャッキーは、「『ミス・サイゴン』は、わたしの母の話そのもの」だと訴える（"“Miss Saigon”" 0:25-28）。ジャッキーの母ミンは、キムと同じ一七歳の頃、南ベトナムでアメリカ人兵士と出会い結ばれると、三人の子どもを授かった。一九七二年、このアメリカ兵は帰国するが、サイゴンで働いていたミンはベトナムに残り、子どもたちを育てることにする。

ところが、三年後にサイゴンは陥落。ベトナムが社会主義国家として統一されると仕事を失い、家もなければ食べるものや着るものにも困るという貧困生活に苦しんだ。九年を経て、ようやく子どもたちを連れてアメリカへ出国したミンは、ベトナムから来た別の男性と出会い、新天地でジャッキーを授かった。

今では娘が出る舞台は欠かさずに観るというミン。「初めて『ミス・サイゴン』を観たときには、涙が止まらなかった」と語る。それというのも、「すべては自分の記憶のなかにあることばかりだった」から。

一方、ジャッキーは舞台ができるだけベトナムの文化や言語に忠実になるように、劇団の「コンサルタント」役も務める。また、いつか母をベトナムに連れて帰りたいとも言う。しかし、これには母が「絶対に戻らない」と反駁《はんばく》する（Wagner pars. 8, 10）。アメリカ生まれの娘にはわからない深い傷が、ミンの心には今でも残っているに違いない。

このように、ベトナム系社会のなかでも多様な意見が聞かれるからこそ、『ミス・サイゴン』は長く愛されてきたのだろう。その賛否両論いろいろな声や舞台がもつ意味をより深く理解すべく、本書では『ミス・サイゴン』の背景となる歴史や文化を広く取り上げる。第一部では、一九六〇年代アメリカの反戦文化やサイゴンのヒップなミュージック・シーン、反戦運動から生まれたアメリカのロック・ミュージカルの系譜、それにヘリコプター戦争といわれたベトナム戦争末期サイゴン陥落の様子などを紹介したい。第二部では、『ミス・サイゴン』の主要登場人物一人ひとりに焦点をあてて役作りの背景や意味を論じつつ、このミュージカルの全体像を明らかにする。さらに巻末のコラムでは、観劇にあたり知っていると役に立つ情報を簡潔にまとめた。そして、新たに加えた増補部では、プライスとサロンガのトニー賞授賞の様子を論じ、「増補改訂版あとがき」ではジジについても考察している。これまで日本ではあまり紹介されてこなかったエピソードも多く含まれる。本書が『ミス・サイゴン』を愛する読者の参考になれば幸いだ。

第❶部　サイゴンから

第1章　サイゴンの夜とロックンロール
――火がついたサイゴン

1　サイゴン・ナイトクラブ

一九七五年四月のとある金曜日の夜。ミュージカル『ミス・サイゴン』は、サイゴンの歓楽街にあるナイトクラブ「ドリームランド」を舞台に幕を開ける。これ以上ないと言わんばかりに、にぎわうサイゴンの夜。「戦争なんて続いているのだろうか」と歌い上げるコーラス。男たちは酒を飲み、女たちが踊るきらびやかな世界。そこに暗躍するのは、エンジニアという夜のエージェント。男と女の一夜限りの関係を売り物にする悪党だ（次ページ【写真２】）。

戦時中、南ベトナムの首都だったサイゴンでは、戦禍にもかかわらず敵からの攻撃は限定的だった。だから、繁華街にある多くのクラブやバーは、つねに若いアメリカ人兵士でにぎわって

REX/アフロ

【写真2】　ドリームランドのエンジニアとキム
――戦時中もサイゴンの夜は絶えずにぎわっていた

いた。一年ほどの兵役期間。戦場を離れた彼らが唯一の慰みとしていたのが、クラブ通いだった。

街の中心で一番のにぎわいを見せていたのは、トゥーヨー通りだ。現在も存続するマジェスティックホテルやパレスホテルサイゴンなどの高級ホテル、それに立派なクラブが建ち並んだ。外国人記者らが宿泊し、パリのような優美な街並みと相まって、市内でも独特の雰囲気を醸しだす場所だった。

ただ、現在サイゴン改めホーチミン・シティとなった街には、トゥーヨー通りは存在しない。ベトナム統一をきっかけに、都市名がベトナム建国の父ホー・チ・ミン（一八九〇―六九）の名に改名されたように、通りの名前も変えられた。現在トゥーヨー通りは、「一斉蜂起」を意味するドンコイ通りと呼ばれる。旧南ベトナム時代、ゴ・ディン・ジエム大統領（一九〇一―六三）の圧政に苦しんだ国民は、地方を中心に多くの反乱を起こした。なかでもドンコイとは、一九五九年から一九六〇年にかけて農村部や山岳地帯で起きた大規模ストライキを指す。国を統一したばかりの共産党政権にとっては、都合が良い響きだったのだ。

もっとも、さらに歴史をたどれば、トゥーヨー通りもかつては違う名称で呼ばれていた。フランスの統治時代にはカティナ通り。一七世紀の軍人ニコラ・カティナ（一六三七―一七一二）に由来するこの名前は、南ベトナムの成立とともに「自由」を意味するトゥーヨー通りに改められた。このように、ベトナムの地名や通りの名称は、時々の政権によって名前を変えられてきた。

話を『ミス・サイゴン』の時代に戻せば、トゥーヨー通りの上品なにぎわいに対し、多くのアメリカ兵が夜になると繰り出したのは、タンソンニャット国際空港に隣接するアメリカ軍基地から南に三キロほど離れたプランテーション・ロード。落ち着いたトゥーヨー通りの街並みとは異なり、薄汚れた通りにはいかにもという感じのバーやナイトクラブが軒を連ねた。

ちなみにこの通りも今では違う名称で呼ばれる。さすがに統一後のベトナムで、アメリカ南部の奴隷制を思い出させるような通りの名はありえない。中国の侵略を阻止したことで知られる歴史上の人物リ・トゥオン・キエット（一〇三〇―一一〇五）が、新しい通りの名前になった。かつてのプランテーション・ロードなら、ウェブサイト『ブラウンウォーター――ベトナム』（*Brownwater Navi, Vietnam*〈brownwater-navy.com/vietnam/Saigon.htm〉）で見ることができる。

このプランテーション・ロードに昼から立っていたのが、ベトナム人ホステスたち。派手なメイクにエキゾチックな表情。ドリームランドの世界。キムのようにベトナム伝統衣装のアオザイを着る女性は、いたとしてもごく少数。多くは先の尖ったハイヒールにミニスカート、それにフリルのついたブラウスを着て兵士たちの気を惹いた。ただし、ビキニのようなあけすけな衣装は、警察によって厳しく取り締まられた。

こうした女性たちの目的は様々。家族を養うために日銭を稼ぐ女たちもいれば、『ミス・サイゴン』のジジのように、男をアメリカ行きの手段と見なす女たちもいた。「我が心の夢」から。「映画で見た夢のようなシーンが心に残る／どうしても忘れることができないあの場面／強い兵士の腕に抱かれて／この生活から逃れ／この場所から逃げる」。

若く血気盛んなアメリカ人兵士が、街頭の魅力的な女性たちを放って置くわけはなかった。多くのカップルが生まれ、多くの別れが生まれた。ときにはタムのような私生児を伴って。長く続いた関係が、子どもができたと告げる女の一言で終わることも珍しくはなかった。そんな女の気持ちをジジは歌う。「泣きはしない／深く考えもしない／ただ踊るだけ／そして男たちに酒を飲ませる」。

もちろん、キムとクリスのように真剣に愛を育んだカップルもいた。兵士とベトナム女性の関係が、戦争の産物であることは否定できない。しかし、故郷から遠く離れた戦場で、アメリカ兵が唯一心を許すことができたのは、現地女性といるときだけだった。

映画『プラトーン』、『7月4日に生まれて』（一九八九）で若い従軍兵士の苦しみと悲しみを描いたオリバー・ストーン監督。そのストーンが撮った異色の映画に、ベトナム人女性レ・リ・ヘイスリップの半生を描く『天と地』（一九九三）がある。興業収入こそ伸びなかったものの、海兵隊軍曹スティーブ・バトラーとヘイスリップの心温まる関係が描かれる。サイゴンで結ばれたふたりはアメリカへ。ただ、スティーブの戦争後遺症が原因で結婚生活は破綻。それでも、ベトナムで培われた愛は純粋なものだった。

2　ロック・イン・サイゴン

さて、夜になればいつでもにぎわっていたサイゴンの街。ミュージカル中の一曲「神よ何故？」では、不夜城サイゴンを彩る女たちの色気が歌われる。「なぜサイゴンは眠らない？／女たちが発するオレンジの木の香り／風がなくともベトナムの女たちはクールで涼しげだ」。

とはいえ、激しい戦争が続いていたときだ。市内では、深夜の外出は禁じられていた。一九七一年四月四日付の『ニューヨーク・タイムズ』紙には、サイゴン市が定める夜間外出禁止時間に合わせ、アメリカ軍の門限を夜一〇時に変更するという記事がある（"Curfew Changed"）。戦況次第ではあったが、比較的落ち着いた時期でも市民の門限は一一時。少しでも怪しくなれば一〇時というのが決まりだったらしい。だから現実には、兵士も市民も時間を気にしながら、つかの間の夜の息抜きを楽しんだ。それがサイゴンの現実だった。

ところで、サイゴンでアメリカ兵が楽しんでいたのは、酒や女ばかりではない。戦禍のベトナムにも、当時アメリカの音楽シーンを華やかに彩っていたロック音楽が、太平洋を越えてやってきた。ビートルズやローリング・ストーンズはもちろんのこと、ジミ・ヘンドリックス（一九四二―七〇）やジャニス・ジョプリン（一九四三―七〇）、ドアーズといった流行の音楽を楽しむ兵士たちがいた。

背景には、第一次世界大戦や第二次世界大戦といった過去の大戦とは違い、ベトナム戦争が日帰り戦争だったことが影響している。朝早くにサイゴン市内の基地からヘリコプターで出撃すると、夕方には帰還する。すべての戦闘がそうだったわけではないが、この行程のおかげで、兵士たちには夜の歓楽街に繰りだす時間があった。

折しもサイケデリック・ロック全盛の時代。宿舎に戻ると、ラジオやカセットデッキから流れる音楽にドラッグを楽しむ者もいた。また、軍のラジオ放送が流す音楽に飽き足りない兵士のなかには、人気バンドの最新曲を本土から取り寄せて聴き入る者もいた。

従軍記者として取材を続けたマイケル・ハー（一九四〇―二〇一六）は、当時の記事を集めて『ディスパッチズ――ヴェトナム特電』（一九七七）という本を戦後出版している。そこには、サイゴンの隣町でベトナム人女性と同棲するアメリカ人兵士の部屋の様子が記されている。「壁一面には、多くの写真が貼ってあった。宗教弾圧に抵抗して焼身自殺を図った僧侶の写真、ベトコン兵の死体の山を写す写真。負傷した海兵隊員が泣き叫ぶ姿を写した一枚もあった。〔中略〕加えて、ほそ淵の眼鏡の奥からのぞきこむジョン・レノン、それにミック・ジャガー、ジミ・ヘンドリックスらの写真が貼ってあった」(Herr 176)。

また、日中のヘリコプター攻撃を取材して、「片方の耳でカセットテープから流れるロックを楽しみ、もう一方の耳では機銃掃射の音を確かめた」（9）とも。ベトナム戦争がアメリカ初の「ロックンロール戦争」と呼ばれたわけである（"Music During the Vietnam War"）。

気になるのは、当時のロックが反戦運動の役割を担っていたこと。エルヴィス・プレスリー（一九三五―七七）が普及させたロックンロールにリズム・アンド・ブルースが加わり、ヒッピー文化を背景に生まれたのが、アシッド・ロックとも呼ばれる当時のサイケデリック系ハードロック。その誕生プロセスのなかで、ベトナム戦争に抗議する反戦ソングが果たした役割は無視できない。

初期の反戦ソングは、黒人への差別撤廃をもとめ、公民権運動を支援したフォーク歌手によって作られた。その代表格は二〇一六年ノーベル文学賞を受賞したボブ・ディランであり、ワシントン大行進で誰もが熱唱した「勝利を我等に」を歌ったジョーン・バエズだ。

だが、ことベトナム反戦となると、テキサス出身の歌手フィル・オクス（一九四〇―七六）が「べトナムへ行く／東南アジアのバーミンガム」と歌った、「トーキング・ベトナム」（一九六四）が最初かもしれない。公民権運動の指導者マーチン・ルーサー・キング牧師（一九二九―六八）が、一九六三年に投獄されたアラバマ州の都市バーミンガムを引き合いに、「間違った国家とアメリカのために／一〇〇万人もの現地人兵士をベトナムで鍛える」と、アメリカの軍事政策を皮肉った。ベトナムで、アメリカの軍事関与が本格化するのは一九六五年以降のことだから、オクスはそれ以前から、戦争の大義がないことを見抜いていたことになる。

これに続くのが、ピート・シーガー（一九一九―二〇一四）の「腰まで泥まみれ」。一九六七年リリースのこの曲は、第二次世界大戦中ルイジアナで訓練を続けた軍小隊を題材にしたもの。とはいえ、それは遠回しの表現で、実際にはベトナム戦争拡大に歯止めをかけようとしないアメリカ政府への批判と受け止められた。それというのも歌詞に出てくる「臆病者」（"nervous nellie"）という言葉は、一九六六年五月北ベトナムへの空爆、いわゆる北爆を続けてきたアメリカ大統領リンドン・Ｂ・ジョンソン（一九〇八―七三）が、戦争反対派を揶揄《やゆ》したときのもの。「泥沼化」するベトナム戦争の行く末を予見した曲だった。

意外にもこの時期、ディランがベトナム反戦を歌ったことはない。一九世紀末の米西戦争から米ソ冷戦まで、アメリカの覇権主義を批判した反戦ソング「神が味方」（一九六四）のライブ演奏で、ベトナム戦争に触れたのが最初といわれる。一九八〇年代初頭のことだ。その後、一九八五年にリリースした「クリーン・カット・キッド」では、帰還後のアメリカ社会で再適応できずに自殺した、若い退役兵の悲劇を歌った。

ともあれ戦争の激化は、反戦運動にさらなる火をつけた。その記念碑的イベントになったのが、一九六九年八月ウッドストックでの野外コンサートだ。ニューヨーク郊外で開かれたこのイベントには、アメリカ国外からもトップミュージシャンが参加。土砂降りの雨に苦しむこともあったが、三日間にわたり愛と平和をスローガンに止むことのない演奏が続いた。入場者数は、実に四〇万人を超えたといわれる。

主要な参加アーティストを挙げれば、初日一五日深夜にトリを務めたのがジョーン・バエズ。二日目にはグレイトフル・デッドやジャニス・ジョプリンといった当時破竹の勢いで活躍していたアーティストがステージに上った。これにザ・フーが続き、最後を締めたのがジェファーソン・エアプレイン。ジョー・コッカー（一九四四–二〇一四）で幕を開けた最終日には、テン・イヤーズ・アフター、ザ・バンド、クロスビー・スティル・ナッシュ・アンド・ヤングと続く。

大トリはジミ・ヘンドリックス。決して政治的なメッセージを歌うミュージシャンではないが、この日は違った。密林地帯での戦闘を再現するかのような「パープル・ヘイズ」（一九六七）の歪んだサウンド。ギターの爆音で北爆をイメージしたアメリカ国家「星条旗よ永遠なれ」。会場の盛り上がりは最高潮に達した。

出演を予定しながら、スケジュールの都合で取りやめたアーティストもいた。そのひとりカナダ出身のシンガーソングライター、ジョニ・ミッチェルはニュース番組で報道されるコンサートの様子を見て、後悔の念に駆られた。その気持ちを込めて作った曲が、翌年リリースされた「ウッドストック」（一九七〇）。当日集まった若者たちの熱い想いを、情緒たっぷりに歌いあげた。「ウッドストックに着く頃には五〇万の人波になっていた／いたるところで繰り広げられる歌の祭典／機関銃を抱えた空飛ぶ爆撃機が／わたしたちの国の上で 蝶に変わる夢をみた」。

この曲でミッチェルが歌う「わたしたちの国」とは、活動家アビー・ホフマン（一九三六―八九）が言う「ウッドストック・ネーション」のことを指すのだろう。ウッドストック・ネーションとは、コンサートの興奮まだ冷めやらぬときにホフマンが書いた一冊『ウッドストック・ネーション』（一九六九）のタイトルから。若者たちが作る新たな連帯を意味する。その連帯が生みだす力が、腐敗した現実世界「ピッグ・ネーション（豚の国）」を変える可能性を、ミッチェルは歌にする。爆撃機を蝶に変えてみせた彼女の平和を願う想像力は、まさにウッドストック・ネーションの力の源泉だった。

この想像力がロックとともに太平洋を渡った。最初はアメリカ兵が聴くカセットテープのなかで。やがて、サイゴンの若者たちの耳にも届いた。その後、ナイトクラブで地元バンドが最新のアメリカン・ロックを演奏するようになるには、それほど長い時間を要さなかった。

3　サイゴンのウッドストック

一九六〇年代後半から一九七〇年代前半にかけて、ベトナムでは日本の演歌に相当する伝統的な歌謡に加え、アメリカ人兵士が持ちこんだロックが流行の兆しをみせていた。その影響から若い世代がバンドを組んで、クラブ演奏をはじめる。クラブには、ラジオやカセットテープで音楽を聴くのに飽き足りなくなった兵士だけではなく、サイゴン市内の若者たちが集まった。彼らに人気の地元バンドが、アメリカン・ロックのコピーで鳴らしたＣＢＣバンドだ。

ＣＢＣバンドの結成は、一九六三年のこと。音楽好きだったファン家の五人兄弟の三人が中心となり、活動を開始した。三男のトゥン・リンがリードギター、長女ビン・ロアンがボーカルを担当。末っ子のトゥン・ヴァンがドラムを叩いた。

バンド名の〝ＣＢＣ〟は、ベトナム語「コン・バ・キュー」（“Con Ba Cu”）の頭文字をとった略称。訳せば「母の子どもたち」（“Happiness Is Acid Rock” 4）。ロックバンドらしく聞こえないかもしれないが、儒教道徳を重んじるベトナムの家族主義をストレートに表す言葉。それに、頭文字をとれば格好良く響いた。

幼い兄弟たちのバンド結成のきっかけは、小さい頃からロック音楽に興味をもっていたトゥン・リンの存在。父に内緒で母ホアンからギターを買ってもらった。フランス大使館で料理人を務めていた父は厳格で、子どもたちには医者か弁護士になることを期待していたらしい。その父が早世すると、母は南ベトナム海軍の基地に働きに出た。

その頃、海軍のバンドでドラムを叩いていた長男ゴク・ランは、弟たちの才能を即座に見抜いた。そして、トゥン・リンらにバンド結成を勧める。そこで兄弟は、家族の生活を支えながらも、彼らの音楽活動を理解してくれた母への感謝の気持ちを込めて、バンド名をＣＢＣにした。

バンドは結成当初から注目の的だった。サイゴン周辺で催されるコンテストに出演しては、レイ・チャールズ（一九三〇―二〇〇四）らの曲を披露。入賞を繰り返すと、家には賞品を持ち帰った。当時はアメリカ人兵士が次々と増員された時期だった。彼らの期待に応えて、ＣＢＣバンドの演奏機会は日毎に増えていく。

やがてレパートリーには、ジミ・ヘンドリックスやグレイトフル・デッド、ジャニス・ジョプリンといったハードロックが加わった。サイゴンといえどもレコードの入手が難しかった時代。音源は兵士たちが持ちこむテープが頼り。アメリカ兵はバンドが使う楽器の入手も手伝っていたという。その後、アメリカ軍基地を巡回してはコンサートを開くようになると、一度のコンサートで三〇〇ドルほどを稼ぐ人気バンドに成長した（Kramer 200-11; Stur pars. 1-7）。

一九七〇年九月＝一〇月発行の『グラント・フリー・プレス』には、ＣＢＣバンドの特集が組まれている。『グラント・フリー・プレス』とは、アメリカ軍兵士のための隔月刊アングラ誌。

第二次世界大戦の退役兵で、ベトナム戦争時には軍事作戦検証機関で働いていたケニス・サムが記事を書いた。

　それによれば、プランテーション・ロードのナイトクラブ「キム・キム」には、軍服姿の兵士たちが二〇〇人ほど集まり、ベトナムの若者と意気投合。コンサート中には「戦争が続いていることなど忘れて、ともにグルーブした」とある。ウッドストックの野外コンサートをドキュメンタリー映画で観たというバンドリーダーのトゥン・リンは語る。「アメリカやイギリスからバンドを呼んで、サイゴンでウッドストックのような音楽フェスティバルを開きたいんだ。きっと素晴らしい一日になると思うよ」（"Happiness Is Acid Rock" 3-4）。

　トゥン・リンの言葉は、意外にもあっさり実現する。記事が書かれた翌一九七一年五月二九日。戦争で夫や息子を失った南ベトナム軍人遺族のためのチャリティー・イベントが、サイゴン動物園で開かれた。その際、軍人の表彰式を前に行なわれたのがロック・イベント。ＣＢＣバンドをはじめとする地元南ベトナムのバンドに加え、台湾、マレーシア、フィリピン、インドネシア、オーストラリアといった周辺国からミュージシャンが集まった。五時間にもおよぶ彼らの熱演には、このイベント開催を支援したグエン・バン・チュー大統領夫人も姿を見せた。そして、軍人遺族やベトナムの若者に加え、五〇〇人余りのアメリカ兵も詰めかけた。

　さながらベトナム版ウッドストックといった印象を与えたこのイベントで演奏されたのは、クリーデンス・クリアウォーター・リバイバルの「プラウド・メアリー」（一九六九）や、反戦ミュージカル『ヘアー』の代表曲「輝く星座」（一九六九）といったアメリカのヒット曲。その日は夏の暑さに加え、コンサート終盤には土砂降りの雨が降りだした。おかげで地面はぬかるみ泥だらけに。その様子はまさにウッドストックの再現となった（Emerson, "G.I.s and Vietnamese Youth"）。

当日の様子とＣＢＣバンドの演奏は、「ＣＢＣバンド――ライブ・アット・ザ・サイゴン・ズー」で短いながらも視聴可能だ（"CBC Band Live at the Saigon Zoo"〈www.youtube.com/watch?v=FuT-MCo_qKY〉）。当時のベトナムで、サイケデリック・ロックがこれほど熱烈に支持されていたことには、正直驚かされる。さらにＣＢＣバンドの演奏を楽しみたければ、ジミ・ヘンドリックスやビートルズ、キャロル・キングらのカバー曲を収めた「ロスト＆ファウンド」がお薦め（"Lost & Found"〈www.youtube.com/watch?v=ikJW7-JeG0Q〉）。

4　流浪のバンド

ＣＢＣバンドの活動は、若者やアメリカ人兵士には絶大な支持を得たものの、一般的には決して受け入れられてはいなかった。ロングヘアーにベルボトムのジーンズはともかく、星条旗をあしらったＴシャツに身を包む姿には、「黄色い肌をしたアメリカ人」との批判が南ベトナムの知識人から噴出した（"G.I.s and Vietnamese Youth"）。また、サイゴン動物園でのロック・フェスティバル開催前の四月八日には、演奏中のバンドを狙った爆弾が、サイゴン市内のクラブを爆破。アメリカ兵とメンバーの知人女性が命を失う事件も起きている（Kramer 213）。

さらに皮肉ではあるが、アメリカ主導で南北ベトナム間に和平条約が結ばれた一九七三年には、バンドのリーダー、トゥン・リンに徴兵令状が届いた。戦争の終わりは、兵役の終わりを意味しない。ニクソン政権が決定したアメリカ軍のベトナム撤退、いわゆるベトナム化政策は、南ベトナムに一層の自立と自国防衛を促すことになった。よって南ベトナムでは和平後、若者に対する徴兵が強化されることになる。撤退するアメリカ軍を補うだけの自衛力が必要になっていた。

だから、トゥン・リンに半年間の軍事訓練が課されると、ＣＢＣバンドは活動を休止。しかし、上のふたりの兄をすでに軍に送り出していた母ホアンは、気が気ではなかった。それまで貯めてきたバンドのギャラを軍高官に賄賂《わいろ》として差し出すと、トゥン・リンを家に連れ帰った。ただ、これがきっかけになったのか、その後トゥン・リンは外出するたびに軍事警察に追い回されるようになる。共産主義勢力を恐れ、アメリカの支援を受けて北ベトナムと戦い続けてきた南ベトナムでも、市民の自由はかぎられていた（Stur pars. 13-18）。

そこで、息子の身を案じた母が再度動く。なんとアメリカの音楽関係者と接触し、ＣＢＣバンドのワールド・ツアーを計画したのだ。その結果、バンドは一年半の予定で南ベトナムを出国。まずタイへ向かい、その後マレーシア、バリを経由してインドに入ってコンサートを続けた。

一九七四年のことだ。しかし、インドでは入国ビザの期限切れが迫るなか、オーストラリアへの亡命申請は受理されず、チベット僧の保護の下、辛うじて滞在を延期した。その間にサイゴンは陥落。今度はアメリカへ亡命申請を出す。

この頃撮られた映像「ＣＢＣバンド逃走中」には、オリジナル曲「僕らは難民」を生ギター演奏で歌うバンドの姿が収められている。「南ベトナムが好きだ／でも北ベトナムも好きだ／神様行くべき道をお示しください／音楽が好きだ／そのために逃げてきた／故郷はベトナムだった／誰もが自由であるのを望むだけ」（"CBC Band on the Run, India 1975"〈vimeo.com/109358840〉）。

その後、難民申請が通ったＣＢＣバンドは、一九七五年一〇月アメリカに入国。その陰には、ベトナム難民の移住を手助けしてきた退役兵や、サイゴンでのコンサートで彼らのファンになった帰還兵の支援があったという。アメリカでは、難民コミュニティを中心にホテルやバーでコンサートを重ねて日銭を稼いだ。やがてベトナムに残っていた母たち家族を、アメリカに呼び寄せた（Kramer 216-8; Stur pars. 17-20）。

そんな彼らが移住先のテキサス州ヒューストンで、退役軍人を集めて再会コンサートを開いたのは二〇一一年四月八日のこと。爆破事件があったサイゴンでのコンサートから、ちょうど四〇年目にあたる節目の日だった。参加者のなかには事件の場に居合わせた退役兵もおり、当時を彷彿させるコンサートの様子はニュース番組でも報じられた（"CBC Band & Vietnam Vets Reunion"〈www.

youtube.com/watch?v=u7jIOcxRDgM〉）。

　バンドは現在も地元ヒューストンを拠点に活動を続ける。二〇一八年には、ロック・バージョンとしてパワーアップした「僕らは難民」がユーチューブにアップされた。アメリカ亡命からすでに四〇年以上を経たバンドがロックし続けることには感動を覚える。一方で、彼らがいまだに「自由」を求めて歌う姿からは、難民生活の苦しみと失った祖国への捨て去ることのできない想いを感じる（“We Are the Refugees”〈www.youtube.com/watch?v=8oDWsDQ4He0〉）。難民にとっての「自由」とは、いかなるものなのか。

　こうした事実があるからこそ、『ミス・サイゴン』で描かれるベトナム発のアメリカン・ドリームには、賛否両論いろいろな意見がある。舞台では、エンジニアやキム、ジジらが一様にベトナムからの亡命を夢見る姿が描かれる。しかし、その先に待ち受ける世界は、決してバラ色ではない。

　一方、シェーンベルクはこのミュージカル着想のきっかけが、娘をアメリカへ送り出す母親の苦渋の表情を写した写真だったと繰り返し語る。そこに「究極の自己犠牲」を見出したというシェーンベルクは、ブーブリルとともにキムの名曲「命をあげよう」を書き上げた。「おまえには好きな人生を歩ませたい／チャンスがあるかぎり　この世のものなら　なんでも好きなものを選ばせたい／この命に代えてでも　おまえには生きてもらいたい」。

彗星のごとくデビューしたレア・サロンガが、鬼気迫る表情で歌うこの曲は、必ずや聴く人の心を打つものだ。ただ、ここで歌われる「究極の自己犠牲」の先にあるものを、シェーンベルクもブーブリルも理解していたのだろうか。シェーンベルクが見た写真の少女は、その後どのような人生を歩んだのだろう。生まれてこの方一度も会ったことがない父とアメリカで暮らすことは、この子にとって本当に幸せなことなのだろうか。そもそも父には会えたのだろうか。どんなに辛くとも、母と暮らすベトナムの方が幸せだったのではなかろうか。尽きない問いは、タムをクリスとエレンに託すキムへの問いかけでもある。

歌と踊りに包まれた華やかなオープニングからわずか数時間で迎える第二幕のクライマックスで、観客は一様にしてキムの自己犠牲に胸打たれ、同時にタムの未来に不安を感じざるを得ない。

第2章　反戦ミュージカルと『ミス・サイゴン』
――エレンとクリス

1　ベトナム、ロック、反戦ミュージカル

『ミス・サイゴン』の作曲を手がけたシェーンベルクは、ブルターニュ地方ヴァンヌの生まれ。学生時代は、ナントにあるビジネス系のエリート学校に通った。一九六〇年代半ばのことだ。ベトナムではアメリカの軍事介入が本格化した時期にあたる。

テレビがまだ普及していなかったこの時代、シェーンベルクは映画館のニュース報道で、ベトナムに駐屯するアメリカ兵の姿を目にしたという。しかし、その反応は無関心そのもの。「彼らが祖国から遠く離れたベトナムにいる理由が、まったくわかりませんでした。そもそも僕らからすれば、アメリカ軍が戦争に勝つとは思えなかったのです」(Behr and Steyn 24)。フランス軍のベ

トナム撤退からおよそ一〇年。フランスの若者たちは、遠い国の争いに興味を失っていた。

その後、地元ヴァンヌで活動するロックバンドに参加したシェーンベルクは、キーボード奏者として活躍。プロ顔負けの腕前で、パリで仕事をするようになる。一九六七年のことだ。やがてウッドストックのコンサート映画を観ると、遅まきながら戦争がアメリカに与える影響に気づいた。「そのとき初めて、ベトナム戦争はアメリカ国内でも戦われていることを知ったのです。アメリカの若者たちが、熱心に反戦運動に参加していることに」(25)。

その頃、アラン・ブーブリルはニューヨークにいた。当時ニューヨークでは、『ベト・ロック』(一九六六)、『ヘアー』(一九六七)と立て続けにベトナム反戦を訴えるミュージカルが公開されていた。同時に、これらの作品はミュージカルの世界にロック音楽を持ちこみ、新風を巻き起こした。

その影響から、一九七一年ニューヨークの舞台に上がったのが、『ジーザス・クライスト＝スーパースター』(一九七一)だった。ティム・ライスが作詞を担当し、アンドリュー・ロイド＝ウェバーが音楽を手がけたこの作品には、ミュージカルに先駆けてリリースされたコンセプト・アルバム(一九七〇)があった。そこでジーザス役のボーカルを担当したのは、後に「ハイウェイ・スター」(一九七二)や「スモーク・オン・ザ・ウォーター」(一九七二)などのヒット曲を飛ばし、ハードロック界で不動の地位を築くことになるディープ・パープルのイアン・ギランだった。『ジーザス・

クライスト＝スーパースター』は、ミュージカルとロックの結びつきをより一層強めた作品だった。

一九七三年、ブーブリルは友人から譲り受けたチケットで、この舞台のプレミア公演を観る機会を得た（Behr 47）。シェーンベルクと出会ったばかりだったブーブリルは、『ジーザス・クライスト＝スーパースター』を観ると、これを一種の啓示と受け止めた。「こんな作品があるとは思いもしませんでした。これに匹敵する作品を書こうと思いました」（Behr and Steyn 25）。その後、シェーンベルクと正式にチームを組んだブーブリルは、ミュージカル『フランス革命』（一九七三）を皮切りに『レ・ミゼラブル』、さらに『ミス・サイゴン』の制作に取り組むことになる。

そんな彼らが『ミス・サイゴン』のオープニング曲を仕上げるにあたり、ひとつだけ肝に銘じたことがあった。「ドリームランド」を飾る音楽は、当時ベトナムで流行っていたハードロックとは違うものでなければならないということ。「きっとサイゴンでは、ドアーズやジミ・ヘンドリックスが聴かれていたのでしょうね。でも、わたしたちは前作『レ・ミゼラブル』よりさらにオペラ的な作品にしたいと思っていました。そうすることで、わたしたちの個性を出したかったのです」と、ブーブリルは語る（Behr and Steyn 55）。

つまりそれだけシェーンベルクとブーブリルにとって、戦時中のベトナムといえば、ロック音楽という印象が強かったのだろう。また、『ジーザス・クライスト＝スーパースター』をはじめとするロック・ミュージカルの影響から脱したいという気持ちもあったに違いない。『ミス・サイゴン』制作にあたりふたりの心に取り憑《つ》いていたのは、プッチーニのオペラ『蝶々夫人』だけではなかったのだ。

ベトナム、ロック、反戦ミュージカル。このトライアングルから抜け出さないかぎり、『ミス・サイゴン』はベトナム戦争を描く新しい舞台を作れない。そんなふたりの思いがきっかけで、この作品から人々を魅了する音楽が生まれることになったのかもしれない。だが、ここではまず一九六〇年代のベトナム反戦から生まれたロック・ミュージカルの系譜から、若きシェーンベルクとブーブリルのミュージカル作家としての出発点を見ていきたい。

2　オフ・ブロードウェイからの挑戦『ベト・ロック』

一九六〇年代、フォーク音楽の世界からはじまった反戦ソングの流れ。それはヒッピー文化のなかでロックと出会い、いわゆるサイケデリック・ロックへと結実していった。当時の代表的なバンドといえば、ドアーズをはじめグレイトフル・デッドやジェファーソン・エアプレインなど。ジミ・ヘンドリックスのように政治的なトピックを表に出さないミュージシャンもいれば、反戦姿勢を明確に示す曲を書くアーティストもいた。

戦争が泥沼化した一九六〇年代後半には、積極的なメッセージで社会の変革を訴える楽曲が目立つようになる。なかでも注目すべきは、ドアーズの「名もなき兵士」（一九六八）とジェファーソン・エアプレインの反戦アルバム『志願兵《ヴォランティアース》』（一九六九）だろうか。

「名もなき兵士」は、バンドメンバーがギターを銃に模して、ボーカルのジム・モリソン（一九四三―七一）を撃つライブ・パフォーマンスで有名になった曲。モリソンはステージ中央に倒れると、「戦争は終わった」の一言でこの曲を締めくくった。一方、ジェファーソン・エアプレインは、反戦と革命をテーマにこのアルバムを制作した。とくにタイトル曲では、世代交代を求め街頭に繰り出す「志願兵」を描く。バンドの歌う「志願兵」が、軍志願者を皮肉った表現であることは言うまでもない。すべてが混沌とし、真実が見えない一九六〇年代。今のショービジネス界では考えられない真剣さで、ミュージシャンたちは反戦を訴えた。

このような動きと連動したのが、ミュージカルだった。とくにブロードウェイの商業主義に批判的な演劇人が多いオフ・オフ・ブロードウェイでは、実験的演出や社会・政治的なメッセージを特徴とするマイナー演劇が次々と制作された。その中心にあったのが、ウェストビレッジの「カフェ・チノ」やイーストビレッジの「ラ・ママ」といった小劇場。「ラ・ママ」は今でも続く老舗劇場だ。

そのラ・ママで、一九六六年五月にはじまったのが、『ベト・ロック』という反戦ミュージカル。劇団オープンシアターの企画として、制作にはミーガン・テリーがあたった。サブタイトルが「フォーク版戦争映画」というだけあって、反戦メッセージをロック音楽にのせた革新的な舞台が特徴だった（Terry and Feldman 196）。この『ベト・ロック』。封切りから半年後の一一月には、オフ・ブロードウェイのマルティニーク劇場に場を移し、翌一九六七年にはロンドンでも上演された（Holsinger 425）。残念ながら、当時の上演は映像などでは残されていないようで、今日残るのはスクリプトのみ。やや冗長という批判はあるが、斬新なところも少なくない。

まずはタイトル曲ではじまるオープニング。「遠く南の海の向こうの国では／ベトナムがロックする／ここでは毎朝／ベトナムがロールする」（Terry and Feldman 198）。役者たちが花模様を描きながら舞台上に横たわる。そして、戦争に息子たちを送り出すふたりの母親が登場。それぞれ不安と悲しみを口にする。新兵の訓練場面、反戦デモ隊と軍隊の衝突がこれに続く。

その後、部隊を乗せた軍輸送機がベトナムを通り過ぎ、なぜかシャングリラに新兵を降ろす。このあたりは反戦ミュージカルといえど、オリエンタリズム的なアジアに対する誤解と幻想があるようだ。ヒッピーたちの夢がベトナムという遠い国に投影されているのかもしれない。というのも、シャングリラに着いた兵士たちが繰り広げるのは、どこからか集まってきた女たちとの乱痴気騒ぎ。そして、場面は密林を抜けベトナムへ向かう兵士たちの大行進から、一気にアメリカ議会での証言台へ。作家、プロボクサー、先住民、ベトナム人女性らが戦争の是非を論じると、議員たちが戦争の意味を問う。

第二幕では、兵士と母親、恋人たちが舞台に上り、混沌とした世界が奇抜な演出で表現される。第二場では、恋人たちが南ベトナム軍兵士に変身。さらにベトコンに姿を変えると、アメリカ人兵士を襲う。そして、場面は戦場へ。迫撃砲の音がとどろくと、女たちが演じる救出用ヘリコプターが現れる。戦時病院へ運びこまれる負傷兵。懸命の救命措置にもかかわらず、ベトナムに駆けつけた母親の前でその兵士は息を引き取る。仏僧による葬式、北ベトナムによるプロパガンダ放送がこれに続く。

第二幕後半になると、舞台上にベトコンが集結。愛人を連れた指揮官はアメリカ兵に尋問すると、次の瞬間、突然愛人を射殺。舞台はナイトクラブへ。サイゴン・サリーとふたりの兵士が「アンチ・ヒーロー」の歌を披露する。大統領批判が続いたあと、クラブは爆破され、すべての登場人物が命を失う。しばらくの沈黙。やがて役者たちは起き上がり、再度タイトル曲「ベト・ロック」を歌うなか、舞台は幕を閉じる。「ロックンロール　ロックンロール　ベトナムをロックせよ」(227)。

場面展開の激しい、支離滅裂ともいえる舞台だが、後のミュージカルに与えた影響は大きい。とくにオープンシアター結成時のメンバーだったジェローム・ラグニ（一九三五―九一）が、この舞台を演じたのは重要だ。『ベト・ロック』の翌年、ラグニはミュージカル『ヘアー』に参加。このことがロックとミュージカルの結びつきを密にする。

3　ブロードウェイの反戦ミュージカル『ヘアー』

『ヘアー』とは、当時ニューヨークで注目の舞台ディレクターだったトム・オホーガン（一九二四―二〇〇九）が手がけたことで知られる反戦ロック・ミュージカル。一九六七年にオフ・ブロードウェイで封切られると、翌一九六八年にキャストを一新してブロードウェイに進出。実に一七〇〇回以上の公演を重ねた名作だ。ロンドンをはじめとするヨーロッパ公演でも成功を収め、一九七九年には映画版も制作された。二〇〇九年にブロードウェイでリバイバル公演が行なわれると、トニー賞ベスト・リバイバル・ミュージカル賞に輝いた。

日本では、一九六九年に今はなき渋谷東横劇場で初上演され、一九八〇年に再上演された歴史をもつ。初演の際には、当初脚本家に寺山修司（一九三五―八三）を迎え、ベトナム戦争に代えて天皇制を批判するという大胆な構想が練られた。だが、結局オリジナル版を踏襲することになり寺山は解雇。上演の運びとなったものの、東京公演終了後、プロデューサーの川添象多郎と役者の加橋かつみが大麻取締法違反で逮捕された。この不祥事で、予定されていた大阪公演はすべてキャンセルに（磯前二二九―三三五）。ちなみに一九八〇年のリバイバル公演では、当時の人気バンド、ゴダイゴのリードシンガーだったタケカワユキヒデが音楽監督を担当した。

その『ヘアー』だが、一九六四年、ふたりの役者ラグニとジェームズ・ラドーが出会ったことから構想が持ち上がった。その内容は、ヒッピーと呼ばれた当時の若者の自由奔放な生活を映しだす作品。ブロードウェイでのリバイバル公演を前に、ラグニは当時を振り返る。「街や公園といったヒッピーがたむろする場所は、いつでも活気に満ちあふれていました。これをステージにしたら、きっとうまくいくだろうと感じたのです」（Taylor par. 6）。

ヒッピーの登場、ベトナム反戦、サイケデリック文化など次から次へと新しい社会・文化現象が起きた一九六〇年代。学校をドロップアウトする学生や、徴兵制を逃れる青年がニューヨークやサンフランシスコといった大都市に集まった。『ヘアー』は、こうした若い世代の主張を代弁する作品として、広く受け入れられたのだ。

ただし、上演にあたってはすべてが順調だったわけではない。前代未聞の裸の演出は「売り」にはなったが（Bottoms 212）、卑猥な表現やアメリカ国旗を侮蔑《ぶべつ》しかねない舞台シーンにはクレームも多かった。なかにはボストン公演のように、訴訟に発展したケースもある（Livingston）。また、大事には至らなかったものの、シンシナティ公演では、劇場に爆弾が投げこまれる事件も起きた（“Bomb Thrown at Theater”）。それでもメディアや批評家は、舞台を好意的に受け入れた。『ニューヨーク・タイムズ』紙では、イギリスの作家クライブ・バーンズ（一九二七―二〇〇八）が「とても新しく、とても新鮮で、それでいて飾ることのない」作品と絶賛した（Barnes）。

実際、当時の若者文化を敏感に捉えた感性や大胆な演出など、『ヘアー』にはそれまでのブロードウェイ・ミュージカルには見られなかった実験的な試みが数多くあった。音楽的には、流行のハードロックやサイケデリック・ロックはやかましくて聴けないという穏健派に、ロックの魅力を伝える役目を充分に果たした。なかでもフィフス・ディメンションが歌った「輝く星座」と「レット・ザ・サンシャイン・イン」（一九六九）のカップリング曲は、ビルボード音楽チャートで六週連続の一位に輝き、グラミー賞最優秀レコード賞を獲得した。

簡単にあらすじを紹介しよう。舞台に上がるのは自称トライブという長髪の若者集団。そのリーダー格のクロードは徴兵令状を受け取ったがために、自慢の長い髪を切る。それを手伝うのがシーラという女子大生と高校をドロップアウトした自由奔放な青年バーガー。クロードはシーラに、シーラはバーガーにそれぞれ恋心を抱く。

第二幕では、徴兵検査に合格し、いよいよ軍隊に入る決意を固めるクロード。一方、トライブの黒人青年〝ハッド〟は、実在の黒人活動家ストークリー・カーマイケル（一九四一―九八）が反戦スピーチで語った言葉を皮肉たっぷりに繰り返す。「徴兵制っていうのは、白人が黄色人種と戦争をするために黒人を戦地に送りこむってこと。そうやってインディアンから奪った土地を守るのさ」（Ragni and Rado 74）。

場面は変わり、クロードがバーガーから譲られたマリファナを吸うと、ベトナムの密林地帯へとトリップ体験。幻覚症状のさなか、バーガー扮するジョージ・ワシントン（一七三二―九九）やエイブラハム・リンカーン（一八〇九―六五）といった歴史上の人物や白人の侵略に抗する先住民、それに南北戦争を描いた『風と共に去りぬ』（一九三九）のヒロイン、スカーレット・オハラらが現れては消えていく。やがて幻覚が去ると、もはや誰にもクロードの姿は見えない。トライブたちが「輝く星座」のメドレーで舞台を締めくくるなか、戦地で命を失った軍服姿のクロードが舞台中央に敷かれた黒い布の上で静かに眠る。

オリジナル版脚本には、バーガーがシーラを公衆の面前でレイプするシーン（79）や、出兵前のクロードとのセックスを強要しようとするシーン（127-31）が含まれる。当時の男性中心的な「フリーラブ」を表したものだ。ヒッピーたちが求めるリベラルな価値観に潜む男性的な権威主義に、この時代の若者文化のあやうさが見え隠れする。

一方、オホーガンがリメイクしたブロードウェイ版は一般受けはしたものの、商業主義に屈したという批判を受けた。それでも『ベト・ロック』にはじまり、『ヘアー』に受け継がれたロック・ミュージカルの伝統は、オホーガンが次いで指揮した『ジーザス・クライスト＝スーパースター』に結実する。本書の冒頭で触れたように、このロック・ミュージカルの傑作で作曲を手がけたのが、後のミュージカル・ブームの火付け役となる『キャッツ』や『オペラ座の怪人』を世に送り出すロイド＝ウェバーだ。また、そのニューヨーク公演を観たブーブリルが一念発起し、シェーンベルクとともに出生作『フランス革命』を制作。以後、『レ・ミゼラブル』や『ミス・サイゴン』

を作ることを思えば、ミュージカルとロックの融合にベトナム戦争が文化的に果たした役割は無視できない。

4　ベトナム戦争と『ミス・サイゴン』

では、シェーンベルクとブーブリルのコンビが手がけた第一作『フランス革命』とは、どのような作品だったのだろうか。一九七三年にレコードが先行発売。その後パリで封切られたミュージカル『フランス革命』は、フランス初の「ロック・オペラ」としてステージ上のバンド演奏を含む意欲作だ。舞台では、それまでのバンド活動の経験を活かしたシェーンベルクがルイ一六世役を演じるとともに、優れた歌唱力も披露した（"La Révolution française (opéra rock)"）。

もっとも、シェーンベルク本人は、舞台演技は歌手冥利《みょうり》にはつきるものの、作曲家としてのキャリアにはプラスにならないと公言する。だから、翌年ソロで発表した「愛のはじまり」が一〇〇万枚を超える大ヒットとなり、一九七四年のベストセラーになっても、歌手への転身は念頭になかった。シェーンベルクは言う。「わたしの仕事はステージに立つことではないのです。作曲家にこもり、ピアノを前にしてひとり仕事に取り組む。そこでは、舞台で受けた拍手喝采は役に立ちません」（Behr and Steyn 25）。

ともあれ『フランス革命』の成功は、シェーンベルクとブーブリルのミュージカル制作への意欲をより一層かき立てた。そこでふたりは、ミュージカルの本場ロンドン、ニューヨークへ足しげく通うと、当時話題だった『ウィズ』（一九七四）や『ピピン』（一九七二）といった作品に感銘を受ける。やがて、試行錯誤の末にミュージカル『レ・ミゼラブル』をまずはパリで、続いてプロデューサーにキャメロン・マッキントッシュを迎えた英語版をロンドンでリリースした。この作品が現在に至る超ロングランになっていることは言うまでもない。

内容的には、フランスの文豪ヴィクトル・ユーゴーの小説を原作とし、前作『フランス革命』との類似性も感じさせる『レ・ミゼラブル』。ただ、音楽的にはいわゆるロック・ミュージカルから一歩脱皮し、よりオペラ的で荘厳な楽曲を用いた。そこに全世界のミュージカル・ファンに長く愛されてきた理由があるのだろう。日本でも一九八七年の帝国劇場での初演以来、繰り返し上演されてきた。初演では、ジャン・バルジャン役とジャベール役に鹿賀丈史と滝田栄があたり、エポニーヌには島田歌穂と白木美貴子が抜擢された。『ミス・サイゴン』初演でキム役を演じた本田美奈子も、その後の舞台でエポニーヌ役として熱唱を披露している。

話をシェーンベルクとブーブリルに戻せば、『レ・ミゼラブル』での経験が『ミス・サイゴン』制作でも大いに活かされた。すでに触れたように、現実にはサイケデリック・ロックが流行っていたサイゴンのクラブ音楽を、華やかなショービジネスの世界を体現するオープニング曲「火がついたサイゴン」に置き換えたのも、『レ・ミゼラブル』での成功が自信となっていたからに違いない。

もうひとつ『ミス・サイゴン』での楽曲編成のポイントになるのは、ミュージカル・タイトルとの関係だ。当初、シェーンベルクが蝶々夫人の物語を現代風に書き改める構想を思いついたとき、タイトルまでは考えていなかった。ミュージカルの場合、タイトルが与える印象はとても重要で、舞台の成功はタイトル次第と言って決して過言ではない。『キャッツ』（*Cats*）、『レ・ミゼラブル』（*Les Misérables*）、『オペラ座の怪人』（*The Phantom of the Opera*）と成功したミュージカルのタイトルは、どれもシンプルかつストレートに作品の内容を伝える。ところが、シェーンベルクとブーブリルが『ミス・サイゴン』制作に取りかかってしばらくの間は、仮タイトルすら存在しなかった。「『ベトナム！』でも良かったし、『エンジニア・ランド』でも良かったのです。でも、実際には、ただひたすら新しい作品を書いている感じで、少しもアイデアが浮かんできませんでした」。そう語るのはブーブリルだ（Behr and Steyn 34）。

その一方で、ブーブリルがかねてより考えていたのは、アメリカ的な派手なミスコンテストを舞台にのせることだった。ただ、その実現にはどことなく引っかかるところがあり、ためらいもあった。ところが、ブーブリルいわく、「ある日、突然こんな考えが浮かんできたのです」。「エンジニアのクラブで、ミスコンテストをやってみてはどうだろうか。きっと下品で邪悪なミスコンテストになるだろう」。そして、この考えを伝えようと、彼は早速シェーンベルクに電話をかけた。そこでシェーンベルクの口から出た言葉が「ミス・サイゴン」だった(35)。

つまり『ミス・サイゴン』とは、戦争の悲劇を写す一枚の写真からスタートすると、『蝶々夫人』を経由して『お菊さん』にたどりつき、最後はアメリカ的なミスコンテストの世界へと発展していった作品なのだ。戦争とミスコンテストという本来ならばあり得ない組み合わせ。しかし、その非現実的な世界観が、『ミス・サイゴン』にこれまでのミュージカルにはない魅力を与えた。そして、それに相応しい音楽はハードロックでもなければ、サイケデリック・ロックでもなかった。

こうしてオープニング曲の方向性が定まった。あとはそれに合わせた登場人物の役作りと、一人ひとりがもつ個性を活かす曲作り。舞台の中心となるクリスとキムの関係は、ベトナム文化を背景に東洋的な意味と雰囲気を求めた。舞台序盤、初めて結ばれたふたりが奏でる美しいデュエット曲「サン・アンド・ムーン」はその結果だ。この曲では、儒教思想の陰と陽で表される世界観を、クリスとキムの男女関係に当てはめた。一方、クリスとキムを結びつけ、アメリカへの入国ビザを手にしようと目論むエンジニアの屈折した姿からは、ギラギラした自己顕示欲と下卑た欲望を表す名曲「アメリカン・ドリーム」が生まれた。

こうして『ミス・サイゴン』は、反戦ロックの激しいサウンドから離れ、『蝶々夫人』の世界とも決別する。ロング原作の『蝶々夫人』でもプッチーニのオペラ版でも、アメリカ軍人ピンカートン中尉は蝶々夫人を紹介する仲介者ゴローと結託していた。しかし、『ミス・サイゴン』では、気弱ながらも誠実であろうとするクリスと欲深いエンジニアは、つねに対立関係にある。オープニング曲の「火がついたサイゴン」では、今宵のミス・サイゴンを高値で売りつけようとするエンジニアに、クリスがつれない言葉を浴びせる。「おまえは良い奴だけど 悪ふざけはいい加減にしてくれ／うんざりしてるんだ」。

　そして、キムはといえば蝶々夫人と異なり、男たちの欲望に搾取される操り人形ではない。ひとり息子のタムをクリスとエレンに託し自害を遂げる結末は、蝶々夫人の最期と表面的には似ているが、意味するところはまったく違う。タムを守るために親が決めた許婚《いいなずけ》だったトゥイを殺し、エレンの前では優柔不断なクリスの気持ちを変えさせようとするキムには、運命に翻弄され行き場を失う蝶々夫人にはない強い意志を感じる。

　エレンを前にタムをキムとともにバンコクに残す決意を固めるクリスに、キムが陰から声を上げる終盤の曲「エレンとクリス」（英題は「対決《コンフロンテーション》」）。クリスの親友ジョンを加えた四人が、それぞれの主張を繰り広げ、異なる声がぶつかり合う。ここでもキムは、はっきりと自分の意志を示す。「タムはあなたが連れていくのよ／なぜってわたし そうタムに約束したんですもの／タムを連れていくのよ／タムがあなたの子だってことは／忘れられないはずだわ」。

　たとえそれがどのような結果を招こうとも、キムには自ら運命を切り拓いていこうとする女性だけがもつ強さがある。

第3章　ヘリコプター戦争のてん末
――世界が終わる夜のように

1　ヘリコプター戦争

『ミス・サイゴン』のステージ・イメージとは何だろう。オープニングを飾る華やかなサイゴンのナイトクラブだろうか。それともクリスとキムのふたりが奏でる美しいデュエット曲の数々だろうか。あるいはアメリカ行きを夢見るエンジニアの盛大なショーだろうか。確かにベトナムの美しい女性たちのダンスや、心に残る素晴らしい楽曲、さらにはエンジニアの粋な演技は、このプロダクションの魅力に違いない。

ただ、ここでは舞台最大の仕掛けであるヘリコプターこそ、『ミス・サイゴン』を語るに重要なイメージだと言いたい。劇場用ポスター中央の一番目立つところに、筆と墨で描かれたような

The New York Times/ アフロ

【写真3】　サイゴン脱出――迫り来る北ベトナム軍を逃れようと、
人々はアメリカ大使館に舞い降りるヘリコプターに群がった

象形文字的なイメージがある。あれはヘリコプターを模したもの。その右サイドには、キムと思わしき女性の顔が映し出される。また、舞台オープニングで、劇場内に響きわたる効果音はプロペラが回る音だ。

第二幕では、キムが思い起こすサイゴン陥落の悪夢のなかで、アメリカ大使館から人々を救う役目を担うのがヘリコプター（【写真3】）。最後の救援ヘリコプターが飛び立つとき、それは南ベトナムの人々の自由と希望が失われたことを意味する。

実際、ベトナム戦争の歴史を紐解けば、ヘリコプターが重要な役割を果たしてきたことがわかる。戦場では攻撃だけではなく、兵士や負傷兵の移送にも使われたヘリコプター。主要モデルを紹介しよう。攻撃用ヘリのＡＨ－１コブラ

（通称スネーク）、中型汎用ヘリUH－1イロコイ（通称ヒューイ）、大型輸送用ヘリCH－47チヌークなど。その形状から「フライング・エッグ」（空飛ぶ卵）と呼ばれた小型観測用ヘリOH－6カイユース（別称ローチ）も活躍した。

また、一九六二年一月のオペレーション・チョッパー（チョッパーとはヘリコプターを意味する英語スラング）をはじめ、サイゴン陥落直前のアメリカ軍最後の大作戦オペレーション・フリークエント・ウィンドなど、ヘリコプターの使用を前提に計画・実行された作戦も数多くある。

オペレーション・フリークエント・ウィンドについてはこのあと詳述する。まずは、オペレーション・チョッパーについて少し触れておこう。この作戦は、一九六二年一月に行なわれたアメリカ軍によるベトナムでは初となる本格戦闘。約一〇〇〇人の南ベトナム軍パラシュート部隊を乗せた輸送用ヘリコプターH－21（通称「フライング・バナナ」）が、サイゴンの西一五キロほどのところにあるベトコンの拠点を攻撃。圧倒的な軍事力で勝利した。これにより、戦争におけるヘリコプターの重要性が一気に高まった。

戦争でヘリコプターが頻繁《ひんぱん》に使われるようになるのは、二〇世紀半ばのこと。第二次世界大戦末期、アメリカ空軍がR－6型と呼ばれる小型ヘリコプターを救援用に実戦投入したのが最初だ。その後朝鮮戦争では、海兵隊が隊員の移送や偵察・救援など幅広い用途で、ヘリコプターを使用した。結果的にヘリコプターの性能は、一九五〇年代を通じて格段に向上する。ベトナム戦争では、空軍がヘリコプターを戦略オプションのひとつと見なすに至った（Lepore 29-30）。

だから、ベトナム戦争は「ヘリコプター戦争」とも呼ばれる。陸上部隊を支援する五〇組の攻撃用ヘリコプター編隊が組まれ、そこには一五〇〇機のUH－1イロコイが配備された。また、CH－47チヌーク四〇〇機から成る二〇組の攻撃補助部隊が組まれた。結果、総計一万二〇〇〇機のヘリコプターが投入された。適当な大きさで使い勝手のよかったイロコイは、単独で七〇〇〇機が戦場で使われた。そのおよそ半数の三三〇〇機が、敵の攻撃を受けるなどして使用不能になったという。また、ヘリコプター戦闘員二二〇〇人が命を落とした。ちなみにベトナムでのアメリカ軍戦死者総数は、五万八〇〇〇人に上る（"Helicopter Operations" par. 11）。

このように多くの場で活躍してきたヘリコプター。ベトナム戦争といえばプロペラ音という連想は、早くから戦争を描く映画を通じて定着した。有名なのは、一九七九年封切りのフランシス・フォード・コッポラ監督による『地獄の黙示録』。プロペラ音をバックに、ヘリコプターが画面を横切るオープニングシーンが印象的だ。また、一九八二年リリースのビリー・ジョエルのアルバム『ナイロン・カーテン』に収録された「グッドナイト・サイゴン」では、曲の冒頭でプロペラ音が導入音として使われた。こうした演出が『ミス・サイゴン』の幕開けに影響を与えた可能性は高い。

一九六七年から二年間、雑誌『エスクァイア』の特派員としてベトナムに赴任したマイケル・

ハーも、ヘリコプターがもつ戦争での重要性を認識していた。一九七七年に出版された『ディスパッチズ』には、次のような一節がある。

ベトナムから戻ってしばらくすると、現地で乗ったヘリコプターを思い出してはあるイメージが心を占めるようになった。ヘリコプター。救世主にして破壊者。物資の配給に使われるかと思えば、資源を無駄にする。〔中略〕不気味かと思うこともあれば、人間味あふれる乗り物。片方の耳から聴こえるのはカセットテープから流れるロックンロールのサウンド。もう一方の耳に聴こえるのは機銃掃射の音。〔中略〕ヘリコプターとは生きる活力であると同時に、死そのものの象徴でもある。（Herr 9）

ベトナム戦争がヘリコプター戦争と呼ばれる以上、ヘリコプターが戦争文化のなかで重要なイメージを形づくるのは決して不思議なことではない。気になるのは、それが人々にどのような印象を与えるのかということ。『ミス・サイゴン』の舞台に現れる巨大なヘリコプターに、観客は何を見出しているのだろうか。

2　サイゴン陥落

ここでは少しヘリコプターから離れて、『ミス・サイゴン』の名バラード「世界が終わる夜のように」に話を移そう（【写真４】）。クリスとキムの熱唱が印象的な、舞台のなかで最も美しいデュエット曲のひとつがこの曲。だが、よく歌詞に耳を傾けると、ふたりの意識に微妙な違いがあることに気づく。

北ベトナム軍がサイゴンに迫るなか、明日への不安をともに感じるクリスとキム。それでも「何もかもが／現実とは思えない人生のなかで／僕は君を見つけた」と、いまだ夢心地なのがクリス。一方、キムは「あまりに早く過ぎ去っていく世界のなかで／何もかもが変わっていく世界のなかで／わたしはあなたを抱き続けるの」となにやら刹那的だ。美しいメロディにのせてロマンティックに歌われる曲だけに、ふたりの感情に生じる微妙な違いが、サイゴン陥落の危機だけではなく、このあとクリスとキムに降りかかる悲劇を予見させる。

実のところ、陥落前のサイゴンは混乱をきわめていた。かつて北ベトナムを圧倒的な軍事力で制圧した第三七代アメリカ大統領リチャード・ニクソン（一九一三–九四）が、ウォーターゲート事件で失脚。これをきっかけに、北ベトナム軍が怒濤《どとう》の勢いで、南ベトナムに進軍をはじめるのは一九七五年春のことだ。三月中旬には、中部高原にある拠点バンメトートが陥落。その後、南ベトナムの主要都市は、次々と北軍の手に落ちていった。

この頃、南ベトナム軍はすでに戦意を喪失し、ほぼ壊滅状態に陥っていたと見られる。そこでニクソンの後継大統領ジェラルド・フォード（一九一三—二〇〇六）は、急ぎアメリカ海軍を南ベトナムへ派遣した。ただし、その目的はもはや抗戦ではなく、撤退援助だった。四月には、北ベトナム軍がサイゴンの北およそ六〇キロの地点スアンロクに到達。サイゴンの入り口に相当するスアンロクの陥落は、南ベトナムの負けをほぼ決定づける出来事だった。

REX/アフロ

【写真4】「世界が終わる夜のように」
——クリスとキムが歌う名バラード

この緊急事態にアメリカでは、フォード大統領が遅まきながらも議会に、南ベトナムへの七億二二〇〇万ドルの軍事支援と二億五〇〇〇万ドルの経済支援を要請（"Address by President Gerald R. Ford" par. 39）。しかし、もはやベトナムへの関与を望まない議会はこれを否決する。見切りをつけたアメリカ政府は、南ベトナム国内に残るアメリカ人およそ五〇〇〇人の救出と、できるだけ多くの南ベトナム政府・軍関係者らの亡命支援を決定した。そして、サイゴンにあるタンソンニャット国際空港から軍輸送機が、南シナ海に通じるサイゴン川から海軍輸送船が出航。北ベトナム軍が迫るなか、多くの人々を国外へ退避させた。

ただ、それも長くは続かなかった。四月二九日、明け方からはじまった北ベトナム軍の総攻撃で、空港が砲火にさらされる。安全な航空機の運航が次第に難しくなるなか、戦況はさらに悪化。ついにアメリカ軍は最後の大作戦「オペレーション・フリークエント・ウィンド」を決行する。

それは午前一一時になろうかというときのこと。サイゴン市内のアメリカ軍ラジオからは、春だというのにビング・クロスビー（一九〇三―七七）の名曲「ホワイト・クリスマス」（一九四二）が流れはじめた。そして、アナウンサーがこう告げた。「今日のサイゴンは暑いです。気温四〇度を超え、まだまだ上昇しています」。アメリカ人関係者だけに、事前に知らされていた緊急脱出の合図だった（"The Last Days in Saigon" par. 13）。

これをきっかけに、人々はサイゴン市内一四ヶ所に設けられた集合地点を経由して、アメリカ大使館へと向かう。ただし、慌てて逃げる群衆には、アメリカ人だけではなく、むしろより多くの南ベトナムの人々がいた。長く続いた戦争の間に、在留アメリカ人とサイゴン市民の間には連帯意識が芽生え、市民の誰もが最後の合図を共有していたのだ。

この作戦で活躍したのが、またもヘリコプターだった。大使館から脱出する人々の移送に使われたのは、ヒューイの愛称で知られる中型汎用ＵＨ－１イロコイ。南シナ海で待ち受けるミッドウェーら五隻のアメリカ軍空母と三〇隻の軍艦が目標となった。作戦は二四時間以内に、最後はアメリカ大使グレアム・マーチン（一九一二―九〇）の脱出をもって完了する予定だった。

ただ、作戦は思い通りには進まなかった。また、負けた戦争の作戦遂行は、はじめから成功と呼べるようなものではなかった。そこにはアメリカ大使マーチンの意地も深く関係していた。マーチンは、養子だった息子をベトナム戦争で亡くした筋金入りの元軍人。かつては第二次世界大戦で諜報員として日本軍と戦った経験をもつ。戦後、外交の道に転身し、パリのアメリカ大使館、ジュネーブの国際連合事務局で働いたキャリアの持ち主。その後、タイおよびイタリア大使を経て、パリ協定後の一九七三年より南ベトナム大使として赴任した。戦争で息子を失ったのは、ベトナム着任以前の一九六五年のことだ。

二〇一四年に放映されたロリー・ケネディ監督によるドキュメンタリー『サイゴン陥落――緊迫の脱出』には、サイゴン市民を最後まで守ろうとするマーチンの毅然《きぜん》とした姿が収められている。しかし、彼に対する評価は二分する。マーチンが恐れていたのは、アメリカの完全撤退が南ベトナムをパニックに陥れること。多くの親米派市民が集まるサイゴンを思うアメリカ大使の気持ちは人一倍強く、それが彼の判断に影響したともいわれる。南ベトナム北部が北ベトナム軍の手に落ちはじめた三月には、すでに敗戦は濃厚だった。だが、マーチンは軍やＣＩＡアメリカ中央情報局の報告に耳を傾けようとはしなかった。また、スアンロクが包囲された四月上旬にも、南ベトナム軍の防衛力を過信し、頑なな姿勢をとり続けた。結果的に、マーチンの判断の遅れが、多くのサイゴン市民から脱出の機会を奪うことになった（Aid 125-27）。

そして、四月二九日。クロスビーの優雅な歌声がラジオから響くなか、サイゴン陥落とアメリカ完全撤退を察したサイゴン市民は、ありとあらゆる手段を使って脱出を試みた。北ベトナムによる国家統一は、アメリカの庇護《ひご》下で自由主義経済を謳歌《おうか》してきた南ベトナム国民にとっては、最悪のシナリオだった。サイゴン川では、人々が軍艦を含む大小の船に溢《あふ》れんばかりに乗りこみ、南シナ海を目指した。他の人々はアメリカ大使館を目指し、街頭に繰り出した。

大使館周辺の大きな人山には、キムのようにアメリカ人兵士と深い関係をもつベトナム人女性も多くいた。一部には家族への思いからベトナムに残る決意をした女性もいた。だが、多くは夫やフィアンセとともにアメリカへ逃れることを望んだ。とはいえ、彼女たちの誰もが大使館内へ入れたわけではない。むしろ大抵の場合は、しっかり閉ざされた大使館の門を通ることすら許されなかった。数千人ものサイゴン市民が塀を超えて敷地内に入ってはいた。しかし、救援用ヘリコプターに乗ることができるのは、すでに出国書類を手にした数少ない関係者だけだった。また、書類をもつ者も長い列に並び、回ってくるかわからない順番待ちをしなければならなかった。

だからマーチンの善意にもかかわらず、一般市民はもちろん、アメリカ兵と深い関係をもつ女性を受け入れる余裕など、もはやアメリカにはなかった。『ミス・サイゴン』では、キムの入国書類を求めるクリスが直面する厳しい現実が描かれる。「キムの悪夢パート２　大使館」より。「悪

いな　サージェント／国防省は俺たちにも脱出命令を出した／明け方までに退避せよ　とのことだ」。そして、政府から軍に出された最後通告。「それまでだ／ベトナム人はもう運べない／さあ乗るんだ」。

それでもアメリカ軍による懸命の救出作戦により、六〇〇〇人余りのアメリカ人のほか、五〇〇〇人以上の市民がサイゴンから脱出した。大使館の象徴だったタマリンドの大木を切り倒して、館内の駐車場に急造した離発着地点からは繰り返しヘリコプターが飛び立った。また、大使館に隣接するＣＩＡ宿舎の屋上ヘリポートからも救出は行なわれた。

ただ、大使館にできた人群れは一向に減らなかった。それほど多くの市民が脱出を望んでいたのだ。このことを知りながらも、アメリカ政府は夜になると作戦の早期完了を促した。一方、マーチンはより多くの救援ヘリコプターを要請。ひとりでも多くのベトナム人を救出しようと、ヘリコプターに乗せるアメリカ人の数を制限し、自らは館内にこもった。

当時、ワシントンでは国務長官だったヘンリー・キッシンジャーが、マーチンの行動を強く批判した。しかし、後年『サイゴン陥落』撮影に訪れたケネディには、心のなかではマーチンに大きなエールを送っていたことを明かしたという（Blumenthal）。いかにもアメリカ的な武勇伝だ。

翌三〇日の早朝。いよいよサイゴン市内に北ベトナム軍が入城しようという頃。アメリカ政府は最終決断に迫られた。午前四時前、マーチンに大統領から出国命令が下る。それからほどなくして、最後の救援ヘリコプターが大使館を飛び立った。出国を待ち望む四〇〇人余りの市民が大使館内に残っていたという。『サイゴン陥落』には、ヘリコプターから南シナ海に停泊するアメリカ海軍第七艦隊揚陸指揮艦ブルーリッジに降り立ったマーチンの姿が収められている。リンゴをかじりながら記者の質問に答える憮然《ぶぜん》とした表情のアメリカ大使。そのとき、マーチンは憔悴《しょうすい》しきっていた（Kennedy 1:28:45-1:29:07）。

こうしてサイゴンは北ベトナムの手に落ちた。そして、ベトナムは共産主義国家として統一された。『ミス・サイゴン』では、サイゴン陥落を告げる歌「モーニング・オブ・ドラゴン」（「サイゴン陥落」）が、サイゴン市民の恐怖を克明に表す。北ベトナム軍第一隊が「音もなく近づき」、サイゴンの通りでは「真実が明らかになる」。日が明ける頃には、共産主義者という「タイガー」が、自由だったサイゴンを占拠する。その後、第二隊が市内に到着。「勝利」を意味する北軍の凱旋。北と南を分けていた「すべての壁が崩れ落ちる」瞬間だ。第三隊が来る頃には、アメリカという「巨人」の事実上の敗戦が知れわたり、「子どもたちは歴史の潮目が変わったことを知る」。

クリスと会うことができず、サイゴンを脱出することができなかったキムは、貧困生活に逆戻り。クリスとの愛の結晶タムを産むものの、日々の糧にも困る生活が続いた。一方、「ドリームランド」の経営者エンジニアは財産を失い、腐敗し堕落した人生を償うために再教育キャンプへと送られた。

3　南シナ海のヘリコプター

シェーンベルクとブーブリルにとって、『ミス・サイゴン』の制作は恋愛悲話としてスタートしたはずだった。しかし、脚本作りが進み、それに併せた楽曲が組み合わされるようになるにつれ、クリスとキムの運命を左右した戦争をより強く意識しはじめる。とくにシェーンベルクの脳裏を離れなかったのが、ビルの屋上で避難民を待つヘリコプターを収めた写真だった。

初演のシアター・ロイヤルで展示されたこの写真は、オランダの報道写真家ヒュー・ファネス（一九四一―二〇〇九）が撮影したもの。救援ヘリコプターが待つビル屋上に、梯子伝いに登る脱出者が作る列が印象的だ。近年までこの建物は、アメリカ大使館内に建っていたと信じられてきた。しかし、実際には大使館から数ブロック離れたＣＩＡ宿舎の屋上だった。『ミス・サイゴン』制作時には、まだそのことは知られていなかった。もちろん、ビルが大使館だろうとＣＩＡ宿舎だろうと、それが意味することには変わりない。それでも、これが大使館だと思って見る方が、ひときわインパクトが強いのはなぜだろう。

ともあれ、シェーンベルクとブーブリルはこの写真を前にして、クリスとキムの物語には「サイゴン陥落」のエピソードがなくてはならないことを悟る。『ミス・サイゴン』がさらにもう一歩『蝶々夫人』から離れ、独自の道を歩みだした瞬間だ。そのときのことを、シェーンベルクは次のように語る。「なぜクリスがキムをサイゴンに残していかなければならなかったのか。彼がピンカートンのようなろくでなしだからではありません。ただ、キムを連れて逃げることができなかったのです。アメリカ人が乗りこむヘリコプターを目前に、大使館の前に群れをなす人々。あの有名な写真のようにです」（Behr and Steyn 167）。

戦時中には、アメリカ軍が様々な攻撃を仕掛けるために用いたヘリコプター。ときには罪のないベトナムの民間人にまで機銃掃射を浴びせた。だから、ベトナムの人々にとって、ヘリコプターのイメージは決して良いものではない。ハイテクの象徴でこそあれ、無慈悲にも多くの命を奪う不気味な鉄のかたまり。それがベトナム戦争におけるヘリコプターだった。ところが戦争の最後になって、サイゴン市民を国外へ連れ出す救世主になるとは。ベトナム戦争最大の皮肉のひとつだろう。

ただ、アメリカ大使館を飛び立ったヘリコプターが、すべて無事に脱出できたわけではなかった。南シナ海に展開するアメリカ艦隊は空母が五隻。南ベトナムから脱出するヘリコプターのすべてを受け入れる余裕はない。到着したヘリコプターから避難民を降ろすと、機体を次々に甲板から海へ突き落とした。あとから飛来するヘリコプターが着陸する場所を確保するためだ。それでも作業が間に合わず、着陸を待ちながら上空を旋回するヘリコプター。燃料を切らすと、そのまま海に落ちる悲劇もあったという。

その様子は、ベトナム系アメリカ人映像芸術家ディン・Q・レが、CG作品『南シナ海ピシュクン』（二〇〇九）で滑稽なまでに再現する（Clarke 262 n.81）。「ピシュクン」とは、アメリカ先住民の狩猟法を指す言葉。切り立った崖にバッファローを追い詰めては、そこから落として獲物を捕る先住民の姿と、空母の甲板からヘリコプターを海に沈めるアメリカ兵の姿をダブらせたのだろう。ただし、映像で描かれるのは墜落するヘリコプターのみ。甲板から落とされるヘリコプターは描かれていない。

ちなみに一九六八年生まれのレが、アメリカへ渡ったのは一九七八年のこと。ベトナム戦争後に勃発したカンボジア・ベトナム戦争の際、ボートピープルとしてベトナムをあとにした。アメリカで教育を受けたレは、カリフォルニア州立大学サンタバーバラ校に進学。在学中にアートの魅力に取り憑かれ、卒業後はニューヨーク視覚芸術学校で写真芸術を学んだ。フォト・ウィービングと呼ばれる写真の合成加工技術を編み出したレは、今では世界的に活躍するベトナム系難民アーティストの第一人者。一九九七年にベトナムに戻り、ホーチミンシティでスタジオ・サンアートを構える。日本では二〇一五年、東京・森美術館でデビュー以来の作品を一同に集めた大規模個展を開いたことで知られる。

話を戻せば、アメリカ空母に無事降り立つことができた避難民は、アメリカ軍基地のあるフィリピンを目指した。途中、南ベトナム艦船や漁船、それに貨物船で逃げ出した人々と合流、あるいは彼らを救出しながらの逃避行だった。そのときの様子を、後に知日派の政治家として知られることになるリチャード・アーミテージは、次のように回想する。「彼らはアメリカ海軍とともに、フィリピンへ向かいました。途中、危険な状態にある仲間を救いながらです。負傷している人もいれば、妊娠している女性もいました。誰もが船酔いに苦しみました」（Shapiro par. 31）。

一九七三年、アーミテージはそれまで務めていた海軍諜報員を辞任した。南北ベトナム、南ベトナム共和国臨時革命政府、アメリカ合衆国の四者間でパリ協定を結び、南ベトナムからの軍撤退を決めたニクソン政権への抗議だった。アメリカが同盟国を見捨てたと感じたのだ。そのアーミテージにアメリカ政府は、もう一度頼らざるを得なかった。彼が担ったミッションは南ベトナムに戻り、海軍艦船をはじめとする軍事兵器やハイテク機器をベトナムから運び出すか、さもなければ破壊すること。アメリカの最新技術を共産主義者に渡さないための最後の防衛策だった（par.13）。

このときアーミテージは、海軍と関係者家族をベトナム南端の小島コンソンに集める手はずを密かに整えていた。長く南ベトナムの監獄として使われてきた島には、まだ北ベトナムの手は遠く及んでいなかった。多くの難民をアメリカに連れ帰ることになるこの計画を、アーミテージは政府の許可を得ずに実行した。それは、かつての軍人として彼ができる最大限の償いだった。アーミテージが率いた避難民は、軍人と民間人を併せて三万人を数えたともいう（par. 21）。

一方、フィリピン入港にあたっては、南ベトナム軍艦船に掲げた国旗を降ろし、代わりに星条旗を掲揚することになった。サイゴン陥落から間もなく、すでに統一ベトナムを承認したフィリピン政府への配慮だった。戦時中、南ベトナム軍はすべての兵器と武器をアメリカから借り受けていたのだから、これもやむを得ない措置ではあった。とはいえ、南ベトナムの存続を示す唯一の印だった国旗を降ろすのは、屈辱的なことだった。

祖国を失った避難民はフィリピンに着くと、グアムの海軍基地を経由し、カリフォルニア州サンディエゴに近いキャンプ・ペンドルトンへと向かった。その後、難民としてアメリカに受け入れられることになる。

4　ベトナムの戦後、ヘリコプターの戦後

こうして南北ベトナムは統一され、サイゴン陥落の翌年ベトナム社会主義共和国が生まれた。一九五四年のジュネーブ協定で、北緯一七度線を境に国が南北に分割されてから続いていた長い戦争の終わりを告げる出来事だった。しかし、ベトナムの人々にとっては、これも新たな戦争への序章に過ぎなかった。

というのもベトナム戦争終結とほぼ時を同じくして、隣国カンボジアではポル・ポト派による圧政がはじまり、多くの人々が虐殺された。これを逃れようと、カンボジアから大量の難民が国

境を越えベトナム国内に入ってきたのが、サイゴン陥落から三年後の一九七八年のこと。ともに共産主義を掲げたことから、ベトナム戦争中は友好関係にあった旧北ベトナム政府とカンボジア政府だったが、この頃には関係が悪化。隣国での虐殺阻止を口実に、ベトナムはカンボジアへ侵攻する。そして一九七八年一二月、カンボジア・ベトナム戦争が勃発した。

戦争はベトナム優位で進んだ。一九七九年一月には、カンボジアの首都プノンペンを攻略。ところが、同年二月にベトナムの侵攻を非難する中華人民共和国がベトナムに軍を進めると、新たに中越戦争がはじまった。これにより、ベトナムはカンボジアへの駐留を続けながら、北部では中国と戦うことになり、国際社会からも孤立した。それでもベトナム戦争で培った経験からか、一ヶ月ほどの戦闘をなんとか持ちこたえると中国を撃退。ただし中国との関係は、その後一〇年余り改善することはなかった。

だから国家統一のあとも、ベトナム国内の状況は好転しなかった。ベトナムを脱出する人々の数は、サイゴン陥落後に一度は落ち着いたが、その後の戦争を通じて、再び増加の一途をたどる。このような違法の出国行為を「脱越《だつえつ》」と呼ぶ。とりわけカンボジア・ベトナム戦争は、旧南ベトナムの人々を中心により多くのベトナム人を脱越に追いこんだ。いわゆるボートピープルが急増するのはこの頃だ。

この点を少し補足すると、サイゴン陥落前後に脱越した人々は、主に旧南ベトナムのエリート階級。政府高官や軍関係者、それに資産家が多くを占める。アメリカ・ドルを中心とする外貨やゴールドなどを、日常的に手にすることができる人たちだった。なかには南ベトナムの崩壊をいち早く予見し、北ベトナムによる軍事侵攻がはじまろうかという頃には、民間機を利用しアメリカへ亡命した政府高官や軍人家族もいた。

一方、カンボジア・ベトナム戦争の頃に増加したボートピープルは、エリート階級とは異なる。『ミス・サイゴン』でいえば、エンジニアのような小金持ちや、なかにはキムのような労働者階級がせっせとお金を貯めて国をあとにした。もちろん共産党政権下のベトナムで、国境を越えるのは至難の業だ。役人に賄賂を渡し、脱出用の船を斡旋《あっせん》するヤミ業者に大金を払い、それでも金銭だけを巻き上げられる人々があとを絶たなかった。

また、うまくして夜の暗闇に紛れて、人気《ひとけ》のない海岸線から海に出ることができたとしても、彼らが乗るのは小さな漁船。大海に出る頃には燃料が尽きることもあれば、海賊に襲われ金品を奪われることもあった。海賊から暴行を受けることもあり、近隣の難民キャンプにたどり着くまでに命を失うことすら珍しくなかった。

とくに女性にとって脱越は辛い経験になった。海上であろうと、やっとたどり着いた難民キャンプであろうと、つねに身の危険にさらされた。信頼できるのは、既婚女性なら夫だけ。未婚であれば母親のみ。あとは海賊でなくとも、難民キャンプの守衛であろうと、家族を含むベトナムの同胞であろうと、相手が男であれば気が抜けない状況が亡命先まで続いた。

ちなみに難民キャンプがあったのは、キムやエンジニアが逃げたタイに加え、マレーシア、シンガポール、香港、マカオなど。その後の亡命先は、アメリカを中心に、オーストラリア、カナダのほか、旧宗主国フランスやドイツ、イギリスといったヨーロッパ諸国。日本も一万人を超える難民を受け入れた。

通常、難民キャンプは鉄条網などで仕切られており、キャンプ外に出て生活することはほぼ不可能だった。しかし、なかには逃げ出すことに成功する人々もいたようで、バンコクの歓楽街では、キムのようにホステスをしながら生計を立てるベトナム人女性が少なからずいたようだ。ショーとはいえ、『ミス・サイゴン』は史実に忠実な作品だ。

ところでベトナム戦争中、良くも悪くも大活躍だったヘリコプターは、その後どうなったのだろう。もちろんサイゴン陥落の際、アメリカ軍は残すところなく軍用ヘリコプターを引き上げた。一方、戦時中のベトナムには、飛来するヘリコプターの攻撃を恐れる一般市民もいれば、そのハイテク技術に魅せられた人々もいた。

トラン・クォック・ハイは、ヘリコプターに魅せられた技術者のひとり。アメリカ空軍基地があったカンボジア国境の町タイニンに住んでいたトランは、幼い頃から飛び立つヘリコプターの姿を目にしていた。軍用ヘリコプターの機動性に魅せられて、戦後は人命救助や農作業補助に役立てようとヘリコプターの開発に着手。その第一号機が完成したのは二〇〇二年のことだ。二〇〇五年には二号機を製造した。残念ながらこのベトナム製ヘリコプターの実力はまだまだで、一号機がわずか数メートルほどの飛行に成功したとの報告があるのみだ。二号機については、ベトナム当局の飛行許可が下りなかったようだ。

一方で、トランの試みはディン・Q・レの目に留まり、世界の注目を集めることになる。レが地元新聞の記事でトランのヘリコプターのことを知ったのは二〇〇四年のこと。興味をもったレは早速トランに連絡すると、即座にコラボレーションを持ちかけた。こうして生まれたのが、ニューヨーク現代美術館に収蔵されるレの代表作のひとつ『農民とヘリコプター』(二〇〇六)。レはトランが製造したヘリコプターを館内に持ちこむと、戦争を生き延びた農村の人々とのインタビュー映像を三チャンネル・ビデオで再生するインスタレーション作品を仕上げた。現在では多くのビデオ作品を撮るレだが、『農民とヘリコプター』はその第一作にあたる。

レのような一流アーティストが、いまだにこだわるベトナム戦争とヘリコプターの因果な関係。一瞬にして誰をも魅了し、同時に恐怖に陥れる巨大な鉄のかたまり。これほど強いイメージを与えるオブジェは、ヘリコプターを除いてほかにあまりないだろう。

戦争を象徴的に体現するヘリコプターが、『ミス・サイゴン』の舞台に欠かすことのできない道具になったのも、決して偶然の所業とは思えない。

第❷部　『ミス・サイゴン』へ

第４章　アオザイの少女とレア・サロンガの夢
――命をあげよう

１　『蝶々夫人』から『ミス・サイゴン』へ

シェーンベルクとブーブリルのふたりが『ミス・サイゴン』の構想を練りはじめたとき、まずそこにあったのはとてもシンプルなアイデアだった。「蝶々夫人の物語を、ベトナムに置き換えること」（Behr and Steyn 30）。

ただ、一九世紀末の架空の日本人女性の話と、一九六〇年代のサイゴンのナイトクラブに行けば必ずやいるだろうベトナム人女性の話は、似ているようでいて似ていない。どちらもアメリカ軍人がアジア人女性と寸暇の楽しみを味わう、アジアン・バケーションの物語といってしまえば、それまでではあるが……。

ただ、二〇世紀も終わりに差しかかろうという時期に、新たにそんなショーを作っても誰も観に来ない。それにベトナムで戦ったアメリカ兵の誰もが、ピンカートンのようにひどい男だったわけでもない。「蝶々夫人はピンカートンのおもちゃでした。だから、アメリカにいる妻ケイトとともに再び日本に戻ってきたピンカートンは、子どもを連れ帰ることしか考えていませんでした。この話を完全に書き換えたかったのです」とシェーンベルクは言う(30)。

そこで物語に奥行きをもたせようと、ブーブリルはベトナムやベトナム戦争を描いた本を読みあさった。サイゴン最後の四ヶ月間を克明に記したオリバー・トッドの『残酷な四月』(一九七五)、一九七〇年代初頭のサイゴンを舞台にする歴史小説ミッシェル・トリアック(一九二七―二〇一三)の『翡翠《ひすい》』(一九八六)などである(30)。結果として、『ミス・サイゴン』は『蝶々夫人』が描くアジア人女性の悲劇という基本的な筋立てに、歴史の信憑性《しんぴょうせい》と深みを加えた物語に生まれ変わる。

ただ、それでも不安はあった。というのも、ベトナム戦争が終わって一〇年余り。アメリカでは首都ワシントンDCにベトナム戦没者慰霊碑(一九八二)が建立され、戦争犠牲者を弔ってはいた。しかし、ベトナム退役兵はいまだに心的外傷後ストレス障害、いわゆるPTSDを含む戦争後遺症に苦しんでいた。また、アメリカ社会もベトナムでの事実上の敗戦から、まだ立ちなおれずにいた。

加えて、ベトナムからはより多くの難民が自由と夢を求めてアメリカへ押し寄せていた。こうした時期にベトナムを舞台に上げること、それもミュージカルという流行のショービジネスにのせることには、大きなリスクがあった。すでに『レ・ミゼラブル』の成功で一流ミュージカル作家の仲間入りを果たしていたシェーンベルクとブーブリルではあったが、不安を言えば切りがなかった。

だから、ふたりがはじめてロンドンでキャメロン・マッキントッシュに『ミス・サイゴン』の構想を持ちかけたとき、その反応は好ましいものではなかった。敏腕プロデューサーとして有名だったマッキントッシュには、ミュージカルには現代的なトピックは似合わないという確たる信念もあった。それでも、シェーンベルクの作る曲の美しさに魅了されたマッキントッシュは、賭けにでる決意を固める(28)。そして、この現代的な舞台にアメリカ的なセンスを加えようと、当時ブロードウェイ版『ソング・アンド・ダンス』（一九八二、一九八五）を手がけていたアメリカ人脚本家リチャード・モルトビーJr.を紹介したのである。

一方、モルトビーにしてみれば、この話は決して歓迎すべきものではなかった。まだ戦争の傷跡が充分に癒《い》えていないアメリカでは、ベトナムを題材にするミュージカルを作るなど、あり得ない選択だったからだ。それでも、シェーンベルクから送られてきた素晴らしい楽曲を耳にすると、モルトビーは考えを少しずつ改めはじめる。ワシントンDCで『レ・ミゼラブル』を観たことも、彼に大きな影響を与えた。懸念だったベトナム戦争という題材については、アメリカ国内に風向きの変化を感じるようになっていた。当時封切られたばかりの映画『プラトーン』が、多くの人々の関心を集めたのだ（57）。

数ヶ月後、モルトビーはフランス人コンビに会う決意を固める。そのときすでに、『ミス・サイゴン』の骨格は出来上がっていた。それがまさに「フランス的」だったと回想するモルトビーは、ブーブリルが用意した物語に共感する。そして、ブーブリルとモルトビーはホテルに缶詰になりながら、シェーンベルクが書き上げた曲に歌詞をのせていった（"#64 Richard Maltby" 22:40-25:00）。ただし、その作業はブーブリルのアイデアを英語に翻訳するという単純作業ではなかった。モルトビーいわく、「気持ちを真っすぐに表現することしか知らない普通の兵士たち」の言葉を、「ウィットに富んだ豊かな表現」に書き換えていく作業だったのだ（"Richard Maltby Jr." 0:14-0:43, 1:27-2:16）。

ところで、ミュージカルの制作には大きく分けてふたつの手法がある。ひとつは台詞と歌を分ける伝統的なやり方。物語の進行は台詞に任せ、歌では台詞のテーマを曲にのせ、音楽的に聴衆を楽しませる。ブーブリルによれば、『コーラス・ライン』（一九七五）はその最も成功した一例だという（Behr and Steyn 33）。第2章で紹介した反戦ミュージカル『ヘアー』もこのタイプだ。もうひとつは物語進行をすべて歌にのせていく新しいやり方。『キャッツ』、『オペラ座の怪人』

など一九八〇年代ミュージカルブームで話題になった作品には、このタイプが多い。シェーンベルクとブーブリルもこの手法を好む。『レ・ミゼラブル』も『ミス・サイゴン』も音楽にのせた歌詞による掛け合いから、物語が進行する。『ミス・サイゴン』の「ペーパー・ドラゴン」のように、ひとつの楽曲にキムとエンジニアそれぞれの個性を引き出すメロディラインを組みこんだ複雑な構成の曲もある。

ただ、このやり方にはそれだけ多くの時間とエネルギーが必要なのも事実。とくに『ミス・サイゴン』のようにふたりの作詞家が異なる言語を母語とする場合、より一層の集中力が必要になる。だから、モルトビーは言う。「わたしたちは通常のミュージカルとはまったく違う言語を作り上げたのです。それがこの現実的でありながらも詩的なドラマに相応しいことを祈るばかりでした」(57)。

こうして出来上がった作品を上演するために、ロンドンを起点としてニューヨーク、ロサンゼルス、ホノルル、マニラと世界を縦断しての大規模オーディションを決行した。その目的は、このミュージカルを演じるに相応しい主役「ミス・サイゴン」を探すためだった。

2　「ミス・サイゴン」を探せ

一九八八年秋。翌年九月に開幕を予定する『ミス・サイゴン』のオーディションがロンドンではじまった。主たる目的は、一七歳のベトナム人少女キムを演じる若手アジア系女優を発掘すること。審査にあたるのは、シェーンベルクとブーブリル、プロデューサーのマッキントッシュ、そして演出家のニコラス・ハイトナーの四人だ。当時三〇歳を過ぎたばかりのハイトナーは、ロイヤル・シェイクスピア劇団で『テンペスト』（一九八八）を指揮するなど、すでに充分な経験を積んでいた。

オーディションにあたっては、業界誌に広告を掲載しただけではなく、これまでの常識に囚われない型破りな求人が行なわれた。その結果、ロンドン市内の中華料理店や郊外の仏教寺院など、アジア系の人々が集まりそうな場所にも広告が出された。また、ベトナム系移民・難民が多く住むパリのローカル誌にも求人広告を出した。ベトナム大使館の協力すら求めた。もっとも、その反応は冷たいものだった。「ミス・サイゴン」は「ミス・ホーチミン・シティ」の誤りだと、なんともつれない指摘だけが返ってきたという逸話が残る（Behr and Steyn 141）。

これほど四方八方に手を尽くしながらも、四人の審査員の前に集まった一〇人の候補者には、「ミス・サイゴン」に相応しい若手はいなかった。当時のヨーロッパには、キムを演じるだけの歌唱力をもつアジア系の役者は、まだ育っていなかった。

次に制作チームは、ニューヨークへ向かった。ミュージカルの本場ブロードウェイのあるコスモポリタン都市ならば、若い才能が発掘できるだろう。そんな淡い期待はあっさりと裏切られる。

審査はアジア系人口が多いロサンゼルスへ場所を移す。

西海岸での審査は、それまでに比べいくらかの収穫はあった。オーディション風景を収めるドキュメンタリー映画『メイキング・オブ・ミス・サイゴン』（一九八九）には、ベトナム系若手候補者の健闘ぶりが映っている。ただ、多くの女優たちは、「アメリカナイズ」され過ぎているとの厳しい評価を受けた。続いて一行はハワイ、ホノルルへ。

日系をはじめアジア系が活躍する南太平洋の観光地は、あまり審査員のお気に召さなかったようだ。それでも何人か可能性のある新人を発掘することができた(143)。ただし、いずれも採用には至らず、シェーンベルクらは世界オーディション最後の目的地マニラへ向かう。

マニラには当初から期待があった。良くも悪くもかつてアメリカ植民地だったフィリピンでは、ビジネスなどで英語が広く使われていた。その影響もあって国民の英語圏音楽への関心は高く、プロアマを問わず歌唱力の高い人材の宝庫だった。そんな期待が今度は的中した。オーディション初日、いきなりレア・サロンガとモニク・ウィルソンという優れた若手がシェーンベルクらの視線を釘付けにする。

オーディションはまず、応募者が選ぶ一曲ではじまる。これはと思う候補には、審査員のリクエストで別の一曲を歌う機会が与えられる。それを通過すると『ミス・サイゴン』からの選曲で、最終選考が行なわれる。サロンガがキム役を勝ち取っていく様子は、『メイキング・オブ・ミス・

サイゴン』のハイライトのひとつだ。

サロンガは七歳のときに舞台デビューし、ミュージカル『アニー』（一九七六）では主役を演じたフィリピン期待の新星。一〇歳でリリースしたソロアルバムで、すでにゴールドディスクを獲得したことがある実力派だった。それでも、世界的には無名だったアジアの一七歳がシェーンベルクらに認められ、ウェストエンドの大舞台に立つ姿には感動を覚える。それほど彼女の歌唱力は素晴らしいものだった。

一方、サロンガの陰に隠れてしまったが、ウィルソンも負けず劣らずのキャリアと歌唱力、さらには演技力の持ち主。九歳のとき『アニー』でデビューしたウィルソンは、ロイド＝ウェバーの作曲で知られる『エビータ』（一九七八）で主役に抜擢された力をもつ。シェーンベルクらを前に「命をあげよう」を熱唱した彼女は、審査員一同の涙を誘ったという（145）。

一九九二年にはじまった日本公演では、本田美奈子と入絵加奈子がキム役を分かち合った。そのときの印象。本田がステージの華として誰をも惹きつける天性の何かをもつのだとしたら、入絵は歌唱力と演技力の高さで人々を魅了した。その好対照はウェストエンドのオリジナル・キャスト、サロンガとウィルソンのふたりにも当てはまる。もちろんサロンガが一番手でウィルソンが二番手という序列は存在する。その関係は本田と入絵も同様だ。だが、ウィルソンにしろ入絵にしろ単なる代役でないことは、彼女たちのステージを観た聴衆ならばすぐに理解するだろう。

ふたりのそれぞれ個性豊かな「ミス・サイゴン」。ミュージカルのダブルキャストは、ロングランを乗り切るためのやむを得ない手段なのではなく、舞台の可能性を広げたい制作・演出家チームの手札のひとつといえよう。

3　苦しみのキムと戦禍のベトナム

ここでキムの役作りについて触れたい。この役がロング原作の小説『蝶々夫人』の主人公をモデルとすることは言うまでもない。しかし、一九世紀末の日本をアメリカ的な覇権主義の視線で捉えた悲劇のヒロイン蝶々夫人と、二〇世紀後半戦禍のベトナムの農村出身の少女キムでは、あまりにも置かれた境遇が違う。そもそもなぜキムはエンジニアが経営するナイトクラブ「ドリームランド」で働くのか。

その答えは第一幕前半、初めて結ばれたキムとクリスのデュエット曲「この金は君のもの」で明かされる。エンジニアの企みに引っかかったクリスが、半ばやむなく一夜をともにしたキムに、その代償として金銭を渡そうとする際のこと。キムはそれを受け取らず、これが初めての経験だったことをクリスに打ち明ける。「これが初めてだったの／そんなことあるわけない／嘘《うそ》なんてつかないわ／女はみんな嘘つきさ　この国から逃げたいだけ／でも　君はそうじゃないのかもしれない／ただ　僕には君が誰だかわからない」。

ナイトクラブの女性は誰しも、アメリカ行きのビザか金銭目当てに近づいてくると固く信じるクリス。そのクリスにキムは言う。「ベトナムの女の子の話を聞きたいの／どうしてわたしの村が焼かれたのか知りたいの／どうして家族が殺されたのか知りたいの／燃えあがる水田のなかを走って逃げたわ／死んだ両親の顔は 体から吹き飛ばされていた」。

ベトナム戦争の被害者として両親を失ったキム。だから、村を出てサイゴンのクラブで身を売るしか生きる術がなかった。当時のベトナムには、そんな農村出身の貧しい少女が数多くいた。ちなみに、一九九三年に封切られたオリバー・ストーン監督の映画『天と地』は、農村出身のレ・リ・ヘイスリップの波乱の半生を映し出す。戦禍のベトナムで苦しんだベトナム人女性の姿を描く異色のハリウッド映画だった。

それにしても、なぜ戦争は南ベトナムの田園地帯を焼き尽くし、何の罪もないはずの農民の命を奪ったのだろうか。また、一体誰が何のために、軍事施設が存在しない村を攻撃したのだろうか。

少し歴史の話をしよう。第二次世界大戦後の世界では、ふたつの超大国アメリカとソビエト連邦が勢力を二分していた。いわゆる冷戦だ。アメリカが代表するのは、民主主義にもとづく自由経済圏。ソ連を中心とするのが、社会・共産主義を掲げる計画経済圏だ。

当時、自由主義経済を守ろうとするアメリカは、共産主義国家の拡大を恐れていた。それもそのはず、東ヨーロッパではブルガリア、ルーマニア、ハンガリーなど次々と共産主義国家が成立した。また、ドイツは東西に分割され、アジアでも共産主義の大国中華人民共和国が誕生。朝鮮半島でも北朝鮮が生まれ、戦争がはじまった。東南アジアにおいて共産主義は、勢力を拡大していた。

ベトナムでは第二次世界大戦後間もなく、国家指導者ホー・チ・ミンが独立を宣言。ベトナム民主共和国が誕生した。若い頃にフランス、アメリカを訪れて国際経験を積んだホーは、あえて合衆国独立宣言を模した独立文書を書いた。しかし、西側国際社会はこれを認めず、再度フランスがベトナム支配に乗り出した。これに抗すベトナム独立主義者が起こした戦争が、第一次インドシナ戦争だ。

戦争は一九四六年にはじまり、ハノイの西、ラオス国境に近い軍事拠点ディエンビエンフーで、フランス軍が壊滅的な敗北を喫して全面撤退に至る一九五四年まで続いた。『ミス・サイゴン』では、第二幕のハイライト「アメリカン・ドリーム」で、母をフランス兵に売って暮らしたエンジニアが、「ところが、すべてはディエンビエンフーで変わっちまった」と皮肉たっぷりに歌う。「フランスのカエルどもはみんな帰っちまった／そのあと来たのは 誰かって／わかるだろう」。

これにより北緯一七度線を境に、北はホーが治めるベトナム民主共和国、いわゆる北ベトナムとして独立。一方、南はゴ・ディン・ジエムを大統領に、ベトナム共和国となった。一九五五年のことだ。ただし、北ベトナムの背後にはソビエト、中国という共産主義の大国が控え、南ベトナムの背後にはアメリカがいた。両国とも軍事・経済的な支援を受け軍備を増強。北ベトナムがインドシナ半島の再統一を目指したことから、今度は南北ベトナム間で戦争が起きた。この一種の内戦状態がベトナム戦争だ。冷戦のさなか、アメリカ・ソビエトの対立が引き起こした代理戦争でもある。

当初、この戦争でアメリカは南ベトナム軍を指揮・教育するために軍事顧問団を派遣した。その数は、一九六一年には九〇〇人程度だったのが、翌一九六二年に一万一〇〇〇人と急増し、一九六三年には一万六〇〇〇人になった。また、アメリカ軍が本格派兵を開始した一九六五年には、二〇万人のアメリカ人兵士が南ベトナムへ送られた。その数はわずか一年で三八万五〇〇〇人に膨れ上がった。延べ人数でいうと、アメリカ軍人の派遣総数は、戦争を通じて九〇〇万人を超えるという（Jamieson 292; "Vietnam Statistics"）。

重要なのは、南ベトナム・アメリカ連合軍が戦った相手は、北ベトナムだけではなかったということ。南ベトナム国内には北の政権と手を結び、ベトナム統一を望む反政府組織があった。南ベトナム解放民族戦線、いわゆるベトコンだ。その結成は一九六〇年。南の政府中枢から軍内部にまで入りこみ、スパイとして様々な破壊工作を行なった。

農村部にもベトコンは潜伏し、親米派や政権寄りの家族にベトコンが潜んでいることすらあった。つまり国家だけではなく、家族もまた分断されていたのだ。それがベトナム戦争最大の悲劇だった。至るところに潜伏するベトコンは、北から侵入してくる兵士を匿《かくま》うなど北軍の勝利に貢献した。

ベトコンの活動でとくに有名なのは、今ではアメリカ人客も訪れる観光名所となった地下トンネル。地上に展開する南ベトナム軍やアメリカ人兵士に気づかれないように潜伏・移動しようとしたベトコンは、全長数百キロにも及ぶ地下トンネルを掘り、ゲリラ戦を仕掛けた。ホーチミン・シティから日帰り観光も可能なクチ・トンネルを訪れれば、当時のベトコンの制服を着た観光ガイドが狭く細く暗いトンネル内部を案内してくれる。ちなみにベトコンとは、ベトナム語でいう越南共産《ベト・ナム・コン・サン》の略称だ。文字通りベトナムの共産主義者という意味。

こうした理由から、戦場で戦うアメリカ兵は疑心暗鬼になった。密林地帯でのゲリラ戦。どこから現れるかわからない見えない敵。兵士たちが感じたすさまじい恐怖は、ストーン監督が映画『プラトーン』で余すところなく再現する。

その恐怖心ゆえに、アメリカ軍が犯した間違いもあった。悪名高いソンミ村の虐殺に見られる、村の焼き討ちと民間人の虐殺だ。どこに敵が潜んでいるのか知らず、また農民が敵を匿っているかも知れないという精神的にもギリギリの状況。そこで現場のアメリカ兵が取った行動は、怪しい人物は処刑し、危険と思われる家屋は強力な火炎放射器で焼き払うことだった。敵の隠れ蓑《みの》をなくすことで、兵士たちは少しでも恐怖を和らげようとした。

しかし、その結果はあってはならない残虐行為。一九六九年『ザ・ニューヨーカー』や『ライフ』といった有力誌がこれを報じると、アメリカ軍はじまって以来の一大スキャンダルとなった。ソンミ村の虐殺をモデルとするエピソードは、ストーンが『プラトーン』の一場面として描く。

少々説明が長くなってしまったが、ベトナムとはこれほど複雑な過去をもつ国であり、長い間戦禍にさらされてきた場所だった。だから、隠れる敵を殲滅《せんめつ》しようとしたアメリカ軍が農村を襲うこともあり、キムのようにまだ年端もいかない少女がすべてを失うことも決して珍しくはなかった。そして、不幸な境遇の少女がサイゴンに出て身を売ることも。クリスの差し出す金には目もくれず、キムは歌う。「もう苦しみは充分だわ／過去を振り返りはしない／そうするくらいなら死んだほうがまし」(「この金は君のもの」)。

誠実なキムの心と彼女の不幸な境遇に心打たれて、クリスはその場でキムと恋に落ちる。「僕と一緒に暮らそう／こうしていると気分が落ち着く／これが僕らのあるべき姿／これで決まりだ／何も言わないで／エンジニアなんて相手にするな／君こそすべて」。

こうしてクリスとキムの悲恋の物語は、狂いはじめた南ベトナムの運命とともに迷走することになる。

4　レア・サロンガの凱旋と躍動するフィリピン

ロンドンでのオーディションにあたり、ベトナム大使館の反応は期待外れのものだったと、すでに述べた。当時のベトナムはドイモイ政策の下、ようやく経済開放をはじめたばかりの頃。芸術に関心を寄せるには、あまりに時期尚早だった。今でも政権批判を伴いうる文化・教育の解放は、ベトナムでは最も遅れている分野といわれる。

それでも比較的政治色の薄いポップカルチャーの世界では、ＪポップならぬＶポップが若者文化を華やかに彩る。ただ、欧米ミュージカルの上演はこれまでのところ『シカゴ』のみ。二〇一三年、ホーチミン・シティを拠点とする劇団バッファロー・グループが上演した。版権料を含む多大なプロダクション・コストが当面の課題という（"A Long Way to Go"; "'Chicago' to Be Staged"）。

一方、サロンガとウィルソンの主役抜擢は、フィリピンのショービジネスにとっては朗報だった。というのも、ふたりのデビューはより多くのフィリピン人歌手・役者の発掘につながったからだ。事実、ウェストエンド初演にあたり、男性コーラス陣を求めた制作チームが、二度目のオーディションをマニラで開いている。

実は、一回目のマニラ・オーディションを手伝ったアシスタントのなかに、後にリバイバル公演でエンジニア役を務めるジョン・ジョン・ブリオネスがいた。当時まだ学生だった彼は、審査チームがロンドンから戻ると、二度目のオーディションに挑戦。見事イギリス行きの切符を手にした。一九八九年初頭のことだ。

ウェストエンドでのリハーサルでは、初代エンジニアのジョナサン・プライスらによるプロフェッショナルな演技を目の当たりにし、圧倒されつつもそれを学ぶ機会に恵まれた。その後、ロンドン公演終了と同時にフィリピンに戻ったブリオネスは、一九九四年のドイツ公演ではエンジニアとトゥイを演じるべく呼び戻された。私生活では、同公演でエレン役を演じたメーガン・ジョンソンと結婚。二〇〇〇年マニラでのサロンガ凱旋公演で、再びエンジニア役を演じた (Gordon pars. 4-5, 10-12)。

さて、そのマニラ公演。一九八九年の初演からすでに一〇年余り経っていたが、『ミス・サイゴン』の人気はいまだ衰え知らずの活況ぶりだった。一〇年続いたロンドン公演は一九九九年に閉幕していたが、ブロードウェイでは上演が続き、この間、日本、ドイツなどでも上演されてきた。またロンドン公演では、サロンガとプライスがイギリスで最も権威ある演劇賞ローレンス・オリビエ賞に輝いた。ブロードウェイ公演でも、ふたりはトニー賞を受賞した。とくにサロンガは、トニー賞の栄誉に輝いた最初のアジア人女性として大いに注目を集めた。

だからサロンガ率いるマニラ公演は、フィリピンではつねに期待されていた。ただし、実現にあたっては、解決すべき大きな課題がひとつあった。それは、『ミス・サイゴン』の複雑かつ巨大なステージセットだった。実物大のヘリコプターを大道具に、多くの仕掛けをコンピュータ制御で動かす舞台は、当時としては最新のもの。ウェストエンドでは、四七人のパフォーマーを支えるのに、二〇〇名以上の裏方が動いた。

この大規模な演出を可能にするために、一九九二年の日本公演では、帝国劇場の大規模改修を要した。また、その仕掛けを動かすには、細心の注意を必要とした。残念なことに東京公演では、開幕から三ヶ月ほどでキム役の本田美奈子が、舞台装置に引かれ骨折するアクシデントが起きている。

このように『ミス・サイゴン』の上演には、優れたパフォーマーだけではなく、最新のハイテク技術とそれを動かすことができる腕の良いスタッフが必要だった。つまり、最先端の演劇都市でしか上演できないミュージカル。それが『ミス・サイゴン』だったのだ。二一世紀に入りプロダクション規模をスケールダウンすることで小規模劇場での上演も可能になり、日本でも全国に上演が広まったが、フィリピン公演が企画されたのはそれ以前のこと。サロンガを迎えるためにも、フィリピン演劇界を上げて必死の体制作りが進められた。その結果実現したのが、二〇〇〇年のマニラ公演だった。

その舞台関係者のひとりジョセフ・ビクター・エヘルシトは、これを「フィリピン人の誇り」と胸を張る（Cortes par. 9）。およそ五〇人のパフォーマーのうち、フィリピン人が演じるのは実に三五人。「フィリピン人がいなければ、『ミス・サイゴン』は成立しなかっただろう」と、フィリピンのマスコミを前にシェーンベルクが言ったのも、単なるリップサービスではない（Bunoan par. 3）。

サロンガのロンドン・デビューをきっかけに最新の演出や舞台技術を学ぶフィリピン人が増えたことも幸いした。「グローバルクラスのミュージカルが、第三世界に来る」と報じた地元紙があったが、意味するところはフィリピンのミュージカルが「グローバルクラス」に匹敵するということだ（De Guzman par. 5）。

とはいえ当時のフィリピンでは、多くの国民が貧困ラインを下回る生活にあえいでいた。高額のチケット販売をともなう企画は、マスコミの一部が報じたように「賭け」そのものだった（"*Miss Saigon* A Gamble Worth Taking"）。だからプロモーター側の目論みは、サロンガがキムを演じる七〇余りのショーで香港、シンガポールといった周辺国から海外観光客を集めること。その収入をもってプロダクションを支えつつ、地元マニラの「緑化」政策に貢献する計画も広く宣伝した（Cortes par. 10）。

結果、ロンドン、ニューヨーク、そして東京での舞台と同じように、マニラ公演も好調なチケットセールスに支えられ、成功のうちに幕を閉じた。もちろん、その間には批判もあった。劇場の外には、ミュージカル上演に抗議するデモ隊が現れた。ベトナム戦争終結から四半世紀。売春を正当化し、アメリカの東南アジア侵略を容認する舞台などあり得ないというのが、彼らの主張だった（Chung 78-79）。

それでも終わってみれば、フィリピン演劇界の質の高さを多方面からアピールする公演になった。サロンガをはじめとするフィリピン人パフォーマーの出演機会は英米を中心に拡大し、マニラがグローバルマーケットの一部であることも印象づけた。『ミス・サイゴン』がフィリピンの人々にもたらしたのは、感動だけではなかったのである。

第5章　ベトナム戦争をめぐる兵士たちの苦悩
——クリスはここに

1　七月四日に生まれて

一九八九年九月、ロンドン・ウェストエンドでは最大規模の劇場シアター・ロイヤルで『ミス・サイゴン』が封切られた。『レ・ミゼラブル』で一躍有名になったシェーンベルクとブーブリルの作品をキャメロン・マッキントッシュがプロデュースする新作は開幕前から評判を呼び、チケットの売り上げも好調。前売り券だけでも空前の八〇〇万ドルを売り上げ、最初の半年は完売という人気ぶりだった（Breslauer par. 5）。

同じ年の冬、アメリカではオリバー・ストーン監督の映画『7月4日に生まれて』が劇場公開された。クリスマス休暇を狙いニューヨーク、ロサンゼルス、シカゴ、トロントで先行公開した作品は、当時の若手人気俳優トム・クルーズを主演に起用。ベトナム従軍の結果、半身不随となった実在の退役兵ロン・コビックの半生を描いた。映画は四都市での限定公開だったにもかかわらず、封切りから一週間で一七万ドル以上を売り上げた。そして、全米公開された翌年一月以降も人々の関心を呼び、総売上は一億六〇〇〇万ドルに上る大ヒットになった。

ベトナム戦争の劇場化。たとえそれがミュージカルであろうと映画であろうと、フィクションであろうとノンフィクションであろうと、サイゴン陥落から一〇年以上を経て、ベトナム戦争に対する人々の理解や感情が変化してきたことの表れだった。とくに戦争当事国のアメリカで、負傷した退役軍人の苦難の人生を描く映画が人々の共感を誘ったことは、時代の変化を感じさせる出来事だった。というのも戦争終結後の数年間、ベトナム退役兵は事実上負けた戦争の責任を問われ続けた。肉体的にも精神的も様々な後遺症を背負って生きていた。

その最たる例が、『7月4日で生まれて』のコビックだった。第二次世界大戦後間もない一九四六年の七月四日、記念すべきアメリカの独立記念日に生まれたコビック。父は海軍兵として第二次世界大戦を戦った元軍人。否応なしに愛国心を育み成長すると、高校卒業と同時に軍人の道を歩み、海兵隊に入隊した。一九六四年のことだ。サウスカロライナ州パリス・アイランドにある基地で三ヶ月の軍事訓練を受けたあと、一九六五年一二月、志願兵としてベトナムへ。戦地では輝かしい戦歴の下、数々の表彰を受け一九六七年一月に除隊。しかし、数ヶ月後、再度戦場に戻ったコビックの人生の歯車は、徐々に狂いはじめる。

一九六七年一〇月、北ベトナムとの軍事境界線に近いアメリカ軍基地から出撃したコビックは、作戦中、敵兵と誤って味方の黒人伍長を射殺してしまう。そして、翌年一月の戦闘では、敵に包囲されると、足と肩を撃たれ脊髄を損傷。半身不随の身となって帰国した。

除隊後、在郷軍人病院で続いた入院生活では、その待遇の悪さに憤慨。度重なる悪夢にも悩まされるようになる。一九七〇年、ケント州立大学で起きた陸軍州兵による学生射殺事件に抗議してデモに参加。以後、ベトナム戦争反対を叫び続けた。

リチャード・ニクソンの大統領選再出馬を決める共和党大会では、戦争継続に抗議するコビックの姿を伝える映像が、CBSテレビを通じて全米に配信された。「俺はベトナムからの復員軍人だ。俺はすべてをアメリカに捧げた。だが政府は俺たちにひどい仕打ちをした。病院では、ひどい扱いをうけた。ベトナムで起きていることは、人類に対する犯罪だ」（コビック 一九五）。

このような運動がたたって、一〇回以上の逮捕歴をもつコビック。一九七六年には自らの半生を語る自伝『7月4日に生まれて』を出版すると、「戦争の真実を語ったがゆえに裏切り者扱いされた」苦しみを訴えた（Kovic 17）。するとこの本の出版がきっかけとなり、一九七六年の民主党大会では、多くの聴衆を前に演説の機会が与えられた。徐々にではあったが、アメリカ社会は、コビックら退役軍人の声に耳を傾けるようになっていく。

こうした社会の変化がなかったならば、『ミス・サイゴン』の舞台化はきっと幻に終わっていただろう。マッキントッシュがアメリカの脚本家リチャード・モルトビーJr.にベトナム戦争を描く新作への協力を求めたとき、モルトビーはこの仕事をすぐには引き受けなかった。その理由はふたつ。ひとつは台詞を交えた伝統的な手法で舞台を組み立てるモルトビーには、楽曲のみで物語を進行させるシェーンベルクとブーブリルのやり方が理解できなかったから。もうひとつは戦争が終わってまだ一〇年余り、ベトナムを題材にする作品に挑戦する理由を見出せなかったという。二〇一七年のインタビューで、モルトビーはこう語っている。「当時、テレビだろうと映画だろうと小説だろうと、ベトナムの話が成功することはありませんでした。アメリカでは、誰もベトナム戦争の舞台など観たいとは思っていなかったのです」（"#64 Richard Maltby" 9:28-47）。

しかし、モルトビーはマッキントッシュの申し出を引き受けた。それにもふたつの理由があった。ひとつはワシントンで観た『レ・ミゼラブル』の完成度の高さ。歌のなかにあらすじを組みこむシェーンベルクらの手法を目の当たりにし、その効果と出来映えに魅了されたという。そして、もうひとつの理由は、ベトナム戦争に対する風当たりの変化。一九八七年の第五九回アカデミー賞で四部門受賞の栄冠に輝いたストーン監督の『プラトーン』の影響も手伝い、「アメリカの人々はベトナム戦争を改めて見つめなおすようになっていたのです」（10:38-44）。

こうしてモルトビーの協力を得て、『ミス・サイゴン』の制作は本格化する。その作業は、蝶々夫人の姿を戦禍のベトナム人女性に置き換えるだけではなかった。モルトビーにとって何よりも大切だったのは、戦争当事国のアメリカですら誤解と偏見の目で見てきたベトナム従軍兵士の姿を、正確に表現しなおすこと。モルトビーの目は、キムよりもむしろクリスの役作りに向いていたのではなかろうか。

2　ピンカートンからクリスへ

そもそもシェーンベルクとブーブリルは、蝶々夫人を現代風に書きなおすにあたり、ピンカートンの役作りを大幅に修正しようと考えていた。なぜならロング原作の『蝶々夫人』は、一九世紀アメリカ覇権主義の産物。日本にアメリカ人の妻ケイトを連れてもどるピンカートンの目的は、息子の茶目を連れて帰ることだけ。蝶々夫人のことは、悪いと思いつつも真剣には考えていない。「『ロミオとジュリエット』が『ウェストサイド・ストーリー』に書き換えられたときと同じように大胆な書き換え」が必要だと、シェーンベルクは感じていた（Behr and Styen 30）。

だが、『ミス・サイゴン』の台本をはじめて読んだモルトビーには、クリスの役作りは不充分に映ったようだ。「シェーンベルクもブーブリルも、それにマッキントッシュですらが、ベトナム戦争がアメリカ人の心を打ち砕いたことを理解していないのには正直驚かされました」（65）。ベトナム戦争は正義を求めるアメリカ的大義の下に戦われた戦争であるとの思いが、モルトビーには強くあった。だから、事実上の敗戦がアメリカに与えた意味を、誰よりも重く受け止めていたのだ。

一方、フランス人のブーブリルにしてみれば、サイゴンの街でも戦場でもやりたい放題のアメリカ人兵士に、戦争を終わらせベトナムを良くしようという気持ちがあったとは、にわかには信じられなかった。「クリスは毎晩売春宿に通っては、馬鹿なことを繰り返していました。そんな彼に理想など残っていたのでしょうか」(65)。

ふたりの考えがぶつかりあうなか、次第に現実的なクリスの姿が作られていく。戦争に疲れ果て、一度はアメリカへ戻るも再度ベトナムに帰ってきた男。キムに対する気持ちとベトナムへの気持ちを「彼女」という言葉に重ねあわせるクリスが歌う曲「神よ何故?」。「なぜ僕が／神様何をお考えなのでしょうか／僕には彼女を助けることはできない――誰にもできない」。「アメリカに帰ったときのこと／誰も戦争のことなど話していなかった／テレビで報じられることは／僕には関係のないことばかり」。だから、「僕は志願して戻ってきた／サイゴンは堕落した街だ／でも 僕にはここの方が心地良い」。

さらに、物語の筋立てにより一層のリアリティーを与えるために、モルトビーとブーブリルは細部へのこだわりも見せた。たとえばキムと接する時間を増やすために、クリスには戦場で戦うのではなく、「大使館付けの運転手」という役割を与えた（“#64 Richard Maltby Jr.” 26:50-27:00）。

REX/アフロ

【写真5】　クリスとジョン
——白人兵士と黒人兵士はベトナムで深い友情を育んだ

より大きな文脈でいえば、比較的学歴の高い白人兵士が多かった第二次世界大戦とは異なり、ベトナム戦争は労働者階級出身の白人や黒人が徴兵された戦争だった（【写真5】）。モルトビーは言う。「第二次世界大戦は、大卒者や博士号保持者が戦場に出たことで知られています。戦隊のリーダーが戦死しても、それに代わる優秀な人材が多くいました。ベトナム戦争は、徴兵制で派遣された兵士が戦った戦争です。大学に通っていれば兵役を免除されました。レッドネックと呼ばれる保守的な白人労働者階級の兵士が中心で、高校を卒業するかしないかのうちに戦場へ送られました。若者たちの多くは南部出身で、教育レベルはそれほど高くなかったのです」（27:10-28:00）。

また、徴兵制には人種的な偏りも存在した。

軍全体としては白人兵が多くを占めていたが、徴兵率で見ると白人よりも黒人の若者の方が高かった。だから、モルトビーは言う。「舞台には人種的な意味合いもありました。ブロードウェイ公演にあたり、ジョンをアフリカ系アメリカ人にしたのには理由があります。南部出身の人種的偏見の強い白人の若者が、アメリカにいたときには話しかけようともしなかった黒人兵士と親友になる。戦争でもなければあり得なかったことです。」(28:20-28:55)。

白人労働者階級と黒人の間に生まれた人種を越えた連帯は、配役にも表れた。一九八九年のロンドンでは白人俳優のピーター・ポリカーポウが演じたジョン役だったが、ニューヨーク初演では黒人ミュージカル『ウィズ』でデビューし活躍を続けるヒントン・バトルが起用された。また、後に映像として劇場公開された二〇一四年のロンドン・リバイバル公演でも、カリブ系俳優ヒュー・メイナードがジョンを演じている。

ジョンについては第7章で詳述するが、クリスとの関係でいえば、第一幕中盤「電話《テレフォン・ソング》」で、キムと恋に落ちたクリスが、電話をかける相手が親友のジョンだ。ただ、親友とはいうものの、クリスにとってのジョンは、都合の良い友達という感じがしなくもない。「休暇をとりたい/司令官に伝えてくれ/僕たち家族になるんだ/ジョン まるでクリスマス・イブみたいさ」。

一方、サイゴン陥落が迫っていることを知るジョンは、クリスの身の上を案じる。その反応は、まさに親友らしく真剣だ。「何を言ってるんだ 気は確かか/休暇だった連中は みんな呼び戻された／サイゴンは陥落寸前だ／夢見心地の君に教えよう／地方都市は次々と敵の手に落ちている／人々は脱出の準備に入っている／アメリカ大使館の前には　目に涙を浮かべた人々が集まっている／南ベトナム大統領は辞任した／新政権も長くはもたないだろう／大統領の取り巻き連中はアメリカが海兵隊を送りこむと思っている／でも　俺が聞いた話では　アメリカ軍は戦わない　聞いているのか　わかるだろう／おまえを死なせるわけにはいかないんだ／一日だけだ　二日じゃない　一日後には戻ってくるんだ」。

マーティン・ルーサー・キング牧師の演説「わたしには夢がある」が、アメリカの首都ワシントンDCに集まった約二〇万人の聴衆の前で行なわれたのは一九六三年のこと。その翌年には公民権法が成立し、アフリカ系を中心とするアメリカ黒人の政治参画が保障された。さらに、一九六五年には積極的是正措置、いわゆるアファーマティブ・アクションがリンドン・B・ジョンソンによる大統領令として発布される。人種的・性的マイノリティの就学・就職支援を積極的に行なうための施策だった。

それでも、アメリカ社会から人種の壁が完全に取り払われたわけではない。公民権法が成立して一〇年以上を経た一九八〇年代にも、意図的に黒人を狙ったかのような出来事があった。白人保守派がこよなく愛した大統領ロナルド・レーガン（一九一一―二〇〇四）が行なった薬物取締対策のことだ。当時、中米コロンビアから大量のコカインが密輸されていたことが、その背景にはある。パウダー・コカインと呼ばれる純度が高く、値段の高いコカインが大学生を中心に白人富裕層の間で流行。一方、クラック・コカインと呼ばれる質の悪い低価格の薬物が、黒人たちの間で多く密売された。

そこでアメリカ政府は、コカイン取締りにあたる新法を制定。街頭で目につきやすい密売人や常習者が、取締りの主たる対象になった。結果として、違反者の多くは都市部のいわゆるゲットーに住む黒人で、その割合は逮捕者のおよそ九割に上った。白人層はといえば、居住区や大学内のドミトリーという監視の目が及びにくい場所でコカインを吸引した。よって取締りの網にはかかりにくかったといわれる。法律そのものには人種的偏向はない。しかし、その運用は、意図的に黒人社会をターゲットにしたものだとの批判を浴びた（Kitwana 14）。

また、イギリス植民地の時代から長く続いたアメリカの人種隔離政策のひとつに、異人種間婚姻禁止法というものがあった。一七世紀にはじまり、南部諸州では第二次世界大戦後も続いた。アメリカ連邦最高裁判所が、人種外結婚を認める判決を下したのは一九六七年のこと。バージニア州で告発された白人男性と黒人女性ラビング夫妻の訴えに応じたものだった。判決後、バージニア州をはじめテキサス州、オクラホマ州などはこの法律を即座に撤廃。ただ、最後に残ったアラバマ州がこれを完全に廃止するまでには、判決から三〇年以上の歳月を要した。

異人種間婚姻禁止法が対象にしていたのは、主に白人と黒人の結婚だった。しかし、それ以外の関係、たとえば白人とアジア系移民の婚姻を禁止した州も数多くあった。また、二一世紀の今でこそ、アメリカでは既婚者の一〇％程度が異人種間結婚を選択しているが、クリスとキムが恋に落ちた一九七〇年代には二％以下だった。ちなみに、『ミス・サイゴン』が封切られた翌年の一九九〇年でもその数字は四・五％だ（"After 40 Years" par. 5; Wang par. 1）。だから、ベトナム戦争中のクリスとキムのような白人兵と現地女性の真に親密な関係は、あり得なくはなかったものの、それが結婚に発展することは社会通念上難しかった。

総じていえば、一九八〇年代後半のアメリカは人種的に寛容な社会になりつつあったが、二一世紀の現在に比べれば充分に保守的な社会だった。『ミス・サイゴン』が描く多様な人種関係は、理想として否定されることはなかったが、保守層にとっては歓迎すべきものでもなかった。また、この作品におけるベトナム人の描かれ方は人種差別的であり、とくに女性の描かれ方は性差別的であるという批判はつねにある。第9章で詳述するが、ブロードウェイ初演では、その点が大いに問題視されることになる。

3　退役兵の苦悩

話を舞台に戻そう。ジョンに電話をかけたあと、クリスはドリームランドの女性たちに祝福されて、キムとベトナム式の結婚式を挙げた。そして、突如侵入してきたキムの許嫁、ベトコンと

REX/アフロ

【写真6】　サイゴン陥落
――兵士たちが踊る力強い舞はホー・チ・ミンの権力と威厳を象徴する

して暗躍するトゥイを撃退すると、ミュージカルのなかで最も美しいデュエット曲「世界が終わる夜のように」の熱唱がそれに続く。
「きっと君をアメリカに連れて帰る」と歌うクリスに、「必ずあなたと行くわ」とキムがロマンティックに呼応する。「サックス一本で演奏される曲」と続くコーラス部分では、「まるで世界が終わる夜のように踊る」ふたり。舞台が盛り上がるなか、クリスはジョンとの約束を守り、キムを家に残してとりあえず大使館に戻る。

続く場面では、北ベトナム軍の力強い舞を踊るダンサーが舞台に上がる（【写真6】）。そして、サイゴン陥落を告げる曲「モーニング・オブ・ドラゴン」の力強いビートが響きわたるなか、舞台中央には巨大なホー・チ・ミン像が掲げられる。混乱のさなか、クリスはキムの元に戻ることができず、キムは大使館に駆けつけるも、その門を通ることができない。それもそのはず、ふたりにはアメリカ政府が認める結婚証明書がないのだから。

そして、数年が経過。舞台はアメリカへ。エレンと結婚したクリスの寝室。曲は太平洋を挟んでエレンとキムが歌う「今も信じてるわ」。互いの異なる境遇にもかかわらず、クリスを愛する女性がともに気持ちをさらけだして歌う複雑な曲。

注目したいのは、この曲でエレンが気にかける、クリスの心をむしばむ病。深夜、悪夢にうなされるクリスは、眠りのなかで突然キムの名を叫ぶ。その名を聞き取ることができないエレンは困惑する。「クリス、一体何があなたを苦しめているの／お願い　打ち明けて　あなたの心のうちを／あなたが隠している何かを」。

そして、第二幕後半のハイライト場面のひとつ「エレンとクリス」では、クリスがついに心のうちを明かす。キムを置き去りにしたベトナムからの帰還は、クリスの心を打ち砕いた。自分が「誰だかわからなく」なるくらい苦しみ、「別人」になっていた。「感情がせきとめられたまま／心はまだベトナムにいた」。

クリスにとって、キムとは「荒れ果てた戦場」で「ずっと探し求めていたもの」。そのキムの「瞳」を通じて、クリスは「今まで気づくことのなかった世界を見つけ」、彼女と同じ「苦しみ」を分かちあった。すべてが混沌としていく戦争のなかで、クリスはキムだけを信じた。「だから彼女を救いたかった／彼女を守りたかった／だって　僕はアメリカ人／人のためにならずにどうする」。

ただ、結果は見てのとおり。そのことはクリス自身が一番良くわかっている。「僕がしたことは　事態を滅茶苦茶にすることだけ／ほかの連中と一緒さ／謎だらけの土地で／何ひとつわからなかった」。だから、アメリカに戻るほかなかった。そして、新たな人生を別の誰かとやりなおすより仕方なかった。「僕は自分にわかる世界を取り戻したかった／そして　君ともう一度人生をやりなおすことにした」。

シェーンベルクとブーブリルのフランス人コンビにとって、『ミス・サイゴン』のハイライトはキムの自害だろう。子どもの未来を願う母親が自らの命を捧げる「究極の自己犠牲」は、この作品の出発点に位置するものだ。一方、アメリカ人のモルトビーにとっては、クリスの告白がこの作品の最大の見せ場だったに違いない。

プロデューサーのマッキントッシュですら理解していないと、モルトビーが嘆いたのは、戦争におけるアメリカの大義と正義のこと。新大陸に創られた神に選ばれし国という意識は、古くからアメリカ人の心に深く刻みこまれてきた。それゆえに他国への政治・軍事的介入も、究極的な善を成し遂げ、より良い世界を築くためとの信念の下に繰り返し行なわれてきた。

ヨーロッパでの戦争に介入した第一次世界大戦は、当時の大統領ウッドロー・ウィルソン

（一八五六―一九一三）いわく、「民主主義を守るための戦い」だった（Wilson par. 30）。第二次世界大戦はファシズムを撲滅するための戦いだった。その後の朝鮮戦争もベトナム戦争も、自由主義を共産主義から守るための戦争として位置づけられた。その結果、北ベトナムとの戦いに事実上敗れたことで被った精神的な傷は、物質的な損失よりもはるかに大きかったのだ。

だから、初演に向けたリハーサルを前にしてモルトビーは、劇団に向けて声を震わせながら力説した。「アメリカは戦争に負けたのではありません。ただ、アメリカのなかで何かが死んだのです。単なる戦争の終結よりも大きい何かが。それはアメリカの夢の終わりであり、僕らアメリカ人がずっと信じてきた不屈の精神と清廉潔白な道徳心が、サイゴン陥落のあの日突然失われたということなのです」（*Making* 33:17-33:52）。

真夜中の眠りのなかで大声を上げるクリスに取り憑いているのは、キムの姿に映し返されるアメリカ的な大義と正義。そして、それを守ることができなかった喪失感が、クリスを悪夢に陥れる。第二幕前半の「新しい事実（ポスト・ブイ・ドイ）」では、キムが生きていることを告げるジョンに向かい、クリスがこれまでいかに心を苛《さいな》まれてきたかを打ち明ける。「焼けただけれたキムの顔／彼女を撃った拳銃／街でキムを追い続ける自分に／聞こえるのは叫び声だけ」。

一般にはベトナム症候群と呼ばれ、個別にはＰＴＳＤと診断されることが多い帰還兵の心的ストレス障害。その原因をアメリカ的大義の喪失とモルトビーが読み替えたとき、『ミス・サイゴン』

は『蝶々夫人』の書き換えとは異なる、より一層意味深い作品になった。

4 ボーン・イン・ザ・USA

戦後のアメリカ社会では、ベトナムでの軍事的失敗が現場の兵士の責任として問われ続けた。その結果、クリスのように良心の呵責《かしゃく》に苛まれる退役軍人が多くいたにもかかわらず、彼らを戦争被害者と見なす雰囲気は希薄だった。当時、PTSDのことはまだ深く理解されておらず、退役軍人にとっては辛い時期が続いた。そんな状況が変わるのは、レーガン政権下の一九八二年、首都ワシントンDCにベトナム戦没者慰霊碑が建立され、戦争犠牲者の魂が弔われるようになってからのこと。退役軍人の社会的名誉が回復されると、徐々に彼らの抱える苦しみに人々の関心が向けられるようになった。

すでに触れたように、モルトビーは、『プラトーン』以前のアメリカでは、ベトナム戦争を語ることはきわめて難しかったと指摘した。しかし、事実は若干異なるようだ。というのも、ベトナム戦没者慰霊碑が建立された時期には、ベトナム退役兵の苦しみを歌うロック音楽が相次いでリリースされているからだ。「ベトナム退役軍人を支援する最初の一曲」といわれるチャーリー・ダニエルズの「スティル・イン・サイゴン」(“Charlie Daniels” par. 25)。退役兵の働きかけからビリー・ジョエルが書いたという「グッドナイト・サイゴン」。そして、ブルース・スプリングスティーンの名曲「ボーン・イン・ザ・USA」。一九八二年から一九八四年にかけてのヒット曲だ。「スティル・イン・サイゴン」は、ニューヨークを拠点に活動する音楽家ダン・デイリーが作詞・作曲した一曲。そのデモテープを聴いたダニエルズが演奏・録音し、一九八二年ビルボード音楽チャートで二二位を記録するヒットになっている。

「心のなかでは　まだサイゴンにいる」という歌詞は、ポップな曲調とは対照的にきわめてシリアス。兵役を避けるために国境を越えて「カナダへ逃れることもできた」と言う主人公は、「規則」に逆らうことができなかった正義感の強いアメリカ青年だ。ベトナムに着くと、そこが「別世界」であることにショックを受け、兵役が終わり故郷に戻るも「家に引きこもる」。というのも、弟には「殺人者」扱いされ、周囲からは「別人」になったと敬遠されたからだ。雨が降ればベトナムの密林地帯を思い出し、心の病と知りながら「治す術もわからない」。徐々に自分を見失っていくことに恐怖を感じること一〇年。戦場で負傷した仲間たちの叫びが耳にこだまし、死者の沈黙が心に重くのしかかる。

レコーディングの際には、ベトナム従軍経験がなかったことから、「退役兵たちの意見を聞いて回った」というダニエルズ。二〇〇七年のインタビューで、次のように発言している。「兵士たちの意志とは関係なくはじまった戦争だった。それなのに、戦場から引き揚げてきた彼らを待っていた扱いは、とても公正なものではなかった」（“Charlie Daniels” par. 25）。

「スティル・イン・サイゴン」ヒットの翌年、人気歌手ビリー・ジョエルは、退役軍人に捧げる一曲「グッドナイト・サイゴン」を書き上げる。これを八枚目のアルバム『ナイロン・カーテン』から三枚目のシングルとしてカットすると、ビルボード音楽チャートで五六位を記録した。

ジョエル自身は、離婚した「母を支える」ことを口実に、徴兵を忌避した過去をもつ。「ベトナムへ行き、人を殺す理由が当時はわからなかった」とはジョエルのコメント。反面、反戦運動には加わらなかったことを強調し、兵役逃れによる「罪悪感」に悩まされてきたことを打ち明ける（"Billy Joel" pars. 191, 195）。

そんなジョエルが「グッドナイト・サイゴン」を書いたのは、「ベトナムに出兵した友のため」だった。「帰還兵の多くは帰国後、大変な困難を乗り越えなければならなかった。苦しんでいる人は今でもいる。戦争に賛成か反対かはともかく、彼らはひどく痛めつけられてきた。従軍経験が報われることはなかった」（"Goodnight Saigon"）。

曲は、サウスカロライナ州パリス・アイランドのアメリカ軍海兵隊基地からはじまり、若く実直な兵士たちの戦地での戦いぶりと日常を、見事なまでに再現する。曲の後半、死んだ戦友を思いつつ暗闇の密林地帯で、見えない敵の姿に脅える兵士たちの内面を描くシーンは、力強いジョエルの歌声と相まって聴く者の心を激しく揺さぶる。

近年のステージでは、退役軍人たちがステージに上がり、「グッドナイト・サイゴン」の演奏を盛り上げる。ジョエルの退役軍人への感謝の気持ちが表れる瞬間であると同時に、アーティストと元兵士の間に芽生えた絆の強さを感じさせるときでもある。

そしてスプリングスティーンの「ボーン・イン・ザ・USA」。一九八四年にビルボード音楽チャートで九位にランクインしたこの曲は、世界各国で軒並みトップ三〇位以内に入る大ヒットとなった。一方、その原型は一九八二年のアルバム『ネブラスカ』制作の際にすでに録られていたことが、ブートレッグ盤『こうして「ネブラスカ」は生まれた』（二〇〇四）のリリースで明らかになっている。

『こうして「ネブラスカ」は生まれた』には、「ベトナム」という未発表曲と、「ボーン・イン・ザ・USA」の最初の五テイクが収録されている。「ベトナム」は、一九八一年夏、スプリングスティーンがロン・コビックらベトナム帰還兵と相次いで出会ったことから書かれた曲。付属のブックレットには、「ボーン・イン・ザ・USA」の構想が「ベトナム」から生まれたことや、テイクを重ねるにつれ歌詞が変化していったことが記される。ただし、アコースティックギター伴奏のデモ曲は、典型的なアメリカンロックの完成版とはまったく異なるブルージーな曲（“Bruce Springsteen---*How Nebraska Was Born . . .*” par. 14, 20）。結局『ネブラスカ』には収録されず、二年後の「ボーン・イン・ザ・USA」に発展した。

その「ボーン・イン・ザ・USA」。星条旗を背景にするアルバム・ジャケットやプロモーション・ビデオ、さらにはコンサートでの派手な演出のせいで、愛国主義を体現する歌とつねに誤解されてきた。当時のアメリカ大統領ロナルド・レーガンも誤解した者のひとり。再選を目指す一九八四年の選挙戦で、「ボーン・イン・ザ・USA」がアメリカの夢と勇気を歌う曲と絶賛した（Clines B20）。実のところ、ベトナム退役兵の立場からこの曲を歌うスプリングスティーンの意図は、まったく別のところにあった（Tyler-Ameen）。

二〇〇五年のインタビューで、スプリングスティーンは「誰もがサビのコーラスに、アメリカのプライドを感じている」けれど、「現実は歌詞のなかにある」と語っている（"Backstage with Bruce" pars. 96-97）。「生まれ故郷の製油所に戻ってみれば／採用責任者がつれなく言う／『悪いが俺には決められない』／退役軍人支援局に行ってみたものの／言われたことは『わかってない』の一言だけ」。帰還兵に冷たいアメリカ社会を描く歌詞は、元気一杯なコーラスにかき消され、本来の意図は伝わりにくい。

そこでスプリングスティーンは、あえてサビは歌わずにライブ演奏をしたこともある。また、一二弦ギターを片手にブルース調で歌ったこともあった（"Born in The U.S.A.（Accoustic）" 〈www.youtube.com/watch?v=xBuZGiisGvs〉）。そうすれば、サビのメッセージも心に響く。「俺はアメリカ生まれのアメリカ人／この国じゃすっかり時代遅れのおっさんさ」。

実は、スプリングスティーンも徴兵を逃れたひとり。一七歳のときに起こしたバイク事故が原因で、入隊検査に通らなかったという。一方で、バンド仲間だったバート・ヘインズというドラマーが、志願兵として赴いたベトナムで戦死した。「バートはベトナムが何処《どこ》にあるのかも知らなかった。そんな調子さ。行ったまま帰ってこなかった。帰ってきた連中も、すっかり変わり果てていた」。戦地へ行かなかったことに自責の念があるのだろうか。スプリングスティーンは、軍人たちの「奉仕の精神をアメリカ国民がずっと悪用してきた」と批判する（"The Rolling Stone Interview" par. 9, 6）。

「ボーン・イン・ザ・USA」後半では、戦争の激戦地ケサンで戦死した仲間を悼み悲しむ。「ケサンでベトコンと戦った仲間がいた／ベトコンは生き延びたが　奴は死んだ／奴が愛した女がサイゴンにいた／残っているのは　彼女に抱かれた奴の写真だけ」。クリスやキムのようなカップルが、多くいたことを窺《うかが》わせる一節だ。

実際、モルトビーが指摘したように、ベトナム戦争は「圧倒的な数で労働者階級の若者たちが戦った」戦争だった（Cowie and Boehm 362）。大学生は徴兵を免除され、代わりに労働者階級出身の若者や黒人、それにヒスパニック系といった非＝白人の若者が徴兵された。多くが社会的弱者だったアメリカ人兵士と、ベトナム人女性の間に生まれた関係は、無責任だと批判されることも多い。

しかし、スプリングスティーンはここに国籍や人種を超えた連帯を見出しているようだ。戦場として破壊されたベトナムの国土と等しく、戦地に派遣されたアメリカの若者たちも、アメリカ社会に利用されたあげくに命を失うか、戻った祖国で疎《うと》んじられては行き場を失った。「刑務所の陰で倒れ／製油所の炎のそばで燃え尽きる／もう一〇年も道を走り続けてきた／逃げ場もなければ　行き場もない」。「ボーン・イン・ザ・USA」はクリスのような若者に捧げられた一曲なのだ。

『ミス・サイゴン』では、クリスを愛するエレンの姿を通じて、アメリカがベトナム退役軍人を受け入れ、ベトナム戦争のトラウマを乗り越えようとする姿勢が示される。デュエット曲「エレンとクリス」でのふたりの掛け合いから。「もういいのよ　充分だわ／エレン　もっと早く君に言えばよかった／ふたりで乗り越えましょう　はじめからやりなおすの／もう一度僕を信じてくれるかい　僕にあるのは君だけ／わたしが必要なのはあなただけ」。

ただし、現実がそれほど簡単なものではないことは、クリスの良き理解者であるジョンが一番良く知っている。「この子のことを忘れてはいけない／クリス　君にそっくりなこの子のことを／エレン　クリス　君たちが助け合うのは素晴らしいことだ／でも　この子がいる／現実を見なければいけない」。

アメリカの大義と正義の喪失は、一般国民と退役軍人がわかりあえば済むという問題ではないことを、モルトビーら制作チームは痛いほど理解していたのである。

第６章　ベトコンの幽霊はいずこに
――モーニング・オブ・ドラゴン

1　トゥイとベトコンの数奇な運命

『蝶々夫人』から『ミス・サイゴン』へと物語を進化させるにあたり、ブーブリルは登場人物一人ひとりを別のキャラクターに置き換えた。蝶々夫人がキムならば、ピンカートンはクリス。ならば、蝶々夫人をピンカートンに紹介するゴローはエンジニアで、ピンカートンの妻ケイトはエレンといった具合に。

なかには複雑な場合もあった。キムの許婚トゥイだ。ベトコンに寝返ったトゥイの立場は、蝶々夫人の叔父役ボンゾとヤマドリというプリンス役の合成から生まれた（Behr and Steyn 31）。ボンゾは蝶々夫人のキリスト教改宗に腹を立て、ピンカートンとの結婚に反対する役。蝶々夫人の父は

「西南の役」で西郷軍に加担して切腹したことになっているので、叔父のボンゾは実質的な父親役といえる。

一方、ヤマドリは帰国したピンカートンの代わりに、ゴローが蝶々夫人に紹介する人物。蝶々夫人にプロポーズするも、ピンカートンの帰りを待ち焦がれる蝶々夫人には相手にされずに退散。トゥイはこのふたりの特徴を兼ね備える。ただ、ベトコンという南ベトナムならではの背景をもつ役柄には、もう少していねいな説明が必要だろう。

一九六〇年代の南ベトナムは、兵士を中心に多くのアメリカ人が滞在し、都市部では人口も増加。急速に文化・経済のアメリカ化が進んでいた。サイゴンを例にとれば、第二次世界大戦終戦直後の一九四五年には五〇万人ほどだった人口が、一九五四年には二〇〇万人と激増し、一九六五年には三〇〇万人に迫ろうという勢いで都市の拡大が続いた。南ベトナム全体のおよそ二割の人々が住むこの大都市でアメリカ人も増え続け、市の人口のおよそ七％弱を占めた(Jamieson 293)。

当然のことながらアメリカ人の増加は、サイゴンの文化や食生活にも影響を与えた。たとえば、テレビの前でコカ・コーラを飲みながらアメリカ映画を観る若者が急増したのはこの頃だ。それに伴い、以前ならば当たり前だった伝統的な風習や慣習が疑問視されはじめた。そのひとつが結婚だった。トゥイはキムが一三歳のときに、親が決めた結婚相手。家族主義の伝統が強いベトナムでは、結婚は家族間の問題で、本人たちよりも親や家族の意向が反映されてきた。「良い女性は献身的で節約上手。勤勉で貞節を守り、夫に尽くす」。一方、「他の男を見るような女性は悪い女」と見なされた（Jamieson 27）。

だから、すでに両親を失い自活せざるを得ないとはいえ、親の許嫁を無視してクリスと結ばれるキムは「悪い女」ということになる。ナイトクラブの女たちの前で行なわれるキムとクリスのささやかな結婚式に侵入してくるトゥイの言い分はここにある。第一幕中盤の一曲「トゥイの侵入」では、古いベトナムの家族主義が歌われる。「親が決めた結婚だ／それが俺たちの運命だ／おまえを連れ戻しに来たんだ／なぜグズグズする」。

この伝統的な価値観と対立するのが、キムが体現する若いサイゴンの価値観だ。それは家族主義とは対照的な個人主義。アメリカ的価値観の影響が色濃い。「わたしはあなたに与えられた賞品なんかじゃない／わたしたちが将来を約束させられたのは一三歳のとき／今のわたしは　あのときのわたしとは違う」。

このキムをめぐるクリスとトゥイの三角関係こそ、『ミス・サイゴン』のハイライトのひとつ。おそらくモルトビーのアイデアだろう。三者の関係は寓意的な意味をもつ。背景にあるのは、当時の政治状況だ。キムがアメリカの庇護下にある若い南ベトナム人の立場を示すのなら、トゥイはベトナムの主権をアメリカから取り戻し、祖国を解放しようとする南ベトナム解放民族戦線、すなわちベトコンの立場にある。伝統的な価値観を代弁すると同時に、北ベトナムの掲げる共産主義にも近い。言うまでもなく、クリスは新しいベトナムを共産主義勢力から守ろうとするアメリカの立場を代表する。

この三角関係が、当時のベトナムの政治状況を簡潔に説明する。ただし、ベトナム戦争ほど複雑な歴史的背景をもつ戦いも珍しく、予備知識がなければその細部まで理解するのは難しい。とくにわかりにくいのが、トゥイに代表されるベトコンの位置づけだろう。

すでに第4章で触れたが、ベトコンは南ベトナムでテロ活動などを展開するために北ベトナム軍と協調する闇の勢力。その中心メンバーは、フランスの植民地時代から独立運動に参加してきた古参兵たちだった。フランス撤退後に北ベトナムで軍事訓練を受けた彼らは、南ベトナムに侵入すると潜伏。反政府派や反米派の民衆を集めては組織を拡大する一方で、政府中枢から軍内部にまで入りこみ、スパイとして破壊工作を行なった。

その代表的な例が、一九六八年初頭のテト攻勢。ベトナムの旧正月を祝う一月の終わり、正月休みの休戦協定を破った北ベトナム軍が、サイゴンを含む南ベトナムの主要都市に一斉攻撃を浴びせた戦いだ。攻撃に加わった総勢八万人を超える北ベトナムの勢力には、多くのベトコン兵が含まれていた。この予期せぬ攻撃に、南ベトナム・アメリカ連合軍は当初劣勢に立たされたものの、やがて反撃に転じ事態を制圧した。しかし、アメリカ大使館を含む数々の標的が攻撃を受け、それがメディアによって生々しく伝えられた。これが原因で、アメリカ国内の反戦運動に火がつくことになった。

また、都市部だけではなく農村部や山岳地帯でも、ベトコンは暗躍した。とくにカンボジア国境から南ベトナムに入る北ベトナム軍の侵入経路、いわゆるホーチミン・ルートでは、北軍兵士と協力し南ベトナム軍やアメリカ軍にゲリラ戦を仕掛けた。加えて、南ベトナムに潜伏する北軍兵士を匿い、南ベトナム市民を脅かすテロ工作を企むこともあった。農村出身のトゥイの役目は、そうしたものだったのだろう。だから、キムは訴える。「あなたが裏切ったとき わたしの両親は殺された／父と母が殺されたとき それまであった約束も終わった」。

テト攻勢の翌年、一九六九年にはベトコンが中心となり、南ベトナム共和国臨時革命政府が組織された。その目的は、南ベトナム政府に代わる社会主義政権の樹立。北ベトナム主導の地下政府として、北ベトナム軍の軍事行動を南ベトナム国内で支援した。アメリカ軍にとっては実に厄介な存在だった。

一方、このような強い連携にもかかわらず、ベトコンは北ベトナムと一心同体とはいえなかった。事実、アメリカの傀儡《かいらい》政権といわれた南ベトナム政府を打倒するという目的は共有しつつも、共産主義を信奉しないベトコンも数多くいた。また、サイゴン陥落後に作られた新政府では、旧北ベトナム出身者が政府中枢を占めた。北ベトナム政府にすれば、アメリカの影響色濃い旧南ベトナムの堕落した社会で暮らしてきた旧ベトコンに、全幅の信頼を寄せるわけにはいかなかったのだろう。

だから、南ベトナムの解放という目的が達成されベトナムが統一されると、新政府は一九七六年の夏までに南ベトナム共和国臨時革命政府を解体した。そして、共産党政権への忠誠心を疑われた旧ベトコンは、自宅軟禁や再教育キャンプへ送られることになった。つまり、なんとも皮肉な話だが、ベトナム統一は旧南ベトナム市民にとっても旧ベトコンにとっても、等しく辛い経験になったのだ。新政権への不信や不遇から、自ら命を絶ったり、脱越を決意する旧ベトコンもいた（Truong 271-82, 291-308）。

ただし、脱越者のほとんどは、旧南ベトナム政府の支持者だった。そのなかにはキムやエンジニアのように、ともあれ親米派といった人々もいたが、大半は屈強な反共産主義者だった。だから、難民キャンプや亡命先の国々で、旧ベトコンは過去をひた隠しにした。それでも、過去を知られた旧ベトコンが襲われ、命を奪われることすらあった。その意味では、タムを守るためとはいえ、キムがトゥイを銃殺する場面はきわめて象徴的だ。戦争は人々の心に深く癒やしがたい傷とともに、憎しみも残していた。

ところで、『ミス・サイゴン』ではトゥイが統一ベトナムの指導者たる人民委員になり、ナイトクラブで女たちと堕落した生活を送っていたエンジニアを厳しく詰問する。サイゴン陥落後の統一ベトナムで、ベトコンが出世したことを印象づける場面だ。ベトコン出身でも共産主義に強い忠誠心を示せば、統一ベトナムの中枢に登用される人材がいたことは事実だ。ただ、それが趨勢《すうせい》を占めていたわけではない。トゥイの出世はあり得る話ではあるが、一口にベトコンといっても戦後の人生は様々であったことを忘れてはならない。

2　ハノイ・ハンナとハノイ・ジェーン

残念ながら『ミス・サイゴン』では、戦時中のベトコンの役割はまったく描かれていない。時間の制約もあったのだろう。舞台におけるトゥイの役割は限定的で、キムも含めベトナム人の登場人物の役柄が紋切り型であるとの批判を許すことになる。

また、北ベトナムを主とする共産主義勢力については、サイゴン陥落を歌う一曲「モーニング・オブ・ドラゴン」に見られるように、戯画化されていると言わざるを得ない。象徴的なのは、舞台中央に置かれるホー・チ・ミン像と統一ベトナムの国旗だ。観る者に強い威圧感を与え、共産主義に対する恐怖と否定的なイメージを増幅させる。かぎられた時間で上演する舞台では、こうした手法が効果的なのは間違いないが、よりていねいな演出があってもよかった。

ここで戦時中の北ベトナムのことを少し紹介すれば、圧倒的な軍事力を誇るアメリカ軍を前に、北ベトナムはゲリラ戦で応じるばかりではなかった。軍事力で劣る北ベトナム軍は、ソフトパワーにも頼った。その一例が、アメリカ軍兵士に向けたプロパガンダ放送だ。「ハノイ・ハンナ」と呼ばれる女性がマイクを握り、兵士たちに戦闘放棄を促した。

同じような事例としては、第二次世界大戦中日本が連合国軍兵士に向けたラジオ放送で、女性アナウンサーを起用したことがあった。音楽とアメリカ人捕虜の肉声をメインに英語で語る女性アナウンサーたちは、アメリカ兵から「東京ローズ」と呼ばれた。

この放送に関与した女性の多くは身元も知れず、よって罪に問われることもなかった。ただひとりだけ日系アメリカ人女性アイバ・戸栗・アキノ（一九一六―二〇〇六）が関与を問われると、東京裁判で有罪判決を受け、巣鴨プリズンに収監された。その後、一九五六年に釈放されアメリカに帰国したが、一九七七年に大統領特赦を受け名誉回復を果たすまで、不遇の人生を送ったようだ。

一方、「ハノイ・ハンナ」もアメリカ兵がつけた愛称だった。しかし、こちらの正体は、はっきりしている。チン・ティ・ゴという一九三一年ハノイ生まれの女性が「ハノイ・ハンナ」だった。フランス植民地時代にガラス工場を経営していた裕福なビジネスマン家庭に生まれ育ったゴは、幼い頃から映画『風と共に去りぬ』（一九三九）の大ファンで、それを理解したいがために英語の勉強に力を入れた才女だ。二四歳だった一九五五年にラジオ局ボイス・オブ・ベトナムで働きはじめると、英語放送のアナウンサーを任された。その際、ベトナム語で「秋の香り」を意味する「トゥー・フォン」を名乗るようになったらしい（Kuhn par. 3）。「ハノイ・ハンナ」が担当するプロパガンダ放送は、一九六〇年代半ばからアメリカ軍が撤退する一九七三年まで続いた。「GIジョーさん、ご機嫌はいかが」の第一声がトレードマーク。一日三回の放送で伝えるのは、戦況報告やアメリカ軍戦死者数など。目的はアメリカ軍の戦意喪失を促すことだった。「あなたたちは、戦争のことをあまり知らされてないみたいね。何も知らずに戦死したり、半身不随で残りの人生を暮らすことほどつまらないことはないわ」（North par. 2）。「GIさん、早くお逃げなさい。沈んでいく船は放っておいたほうがいいわ。どうせ戦争には勝てないのだから」（Kuhn par. 5）。

原稿は北ベトナム政府防衛省が書き、情報はアメリカ軍が発行する日刊紙『スターズ・アンド・ストライプス』から入手した。ときにはアメリカ本土で起きた重大事件に触れることもあったという。その信憑性は比較的高く、「ハノイ・ハンナ」がほのめかす戦略地点に北ベトナム軍が攻撃をかけることもあったらしい。ただ、それが意図的なのか、偶然のいたずらなのか、あるいは単にアメリカ人兵士の思いこみだったのかはわからない。

もっとも、兵士たちは必ずしも「ハノイ・ハンナ」の情報を信じていなかった。むしろある種のエンターテインメントとして楽しみにしていたようだ。それもそのはず、アメリカ軍が放送禁止にしたアニマルズのヒット曲「朝日のない街」（一九六五）やピート・シーガーの「花はどこへ行った」（一九五五）など人気の反戦ソングが、次々と放送されたのだから。「ハノイ・ハンナ」に憎しみを感じる兵士がいる一方、「甘美なアジア人女性」を想像し親しみを感じる兵士もいたようだ（Tiede par. 1）。

ところで、「ハノイ・ハンナ」はどうやってアメリカン・ロックの音源を手に入れたのだろうか。戦争終結から二〇年近くが経過した一九九〇年代初頭、ベトナムを訪れたジャーナリスト、ドン・ノースがチン・ティ・ゴへのインタビューに成功した。それによると、音楽テープはアメリカの反戦活動家から送られてくることもあれば、「ハノイを訪れる進歩的なアメリカ人」によって持ちこまれることもあったらしい（North par. 20）。平和を求める市民活動に参加したコーラ・バイスや、ベトナム反戦で知られた女優ジェーン・フォンダもそこに含まれる。「ジェーン・フォンダには、ハノイにいるアメリカ人捕虜との面会を持ちかけたわ。でも、彼女はそれを望まなかった」と、ゴは振り返る（par. 26）。

フォンダといえば、一九七一年にカナダの俳優ドナルド・サザーランドらと在外アメリカ軍基地を回り、ベトナム従軍に不満を感じる兵士たちとの共闘姿勢を示すドキュメンタリー映画『F・T・A』（一九七二）を撮るなど、反戦運動の先頭に立ってきた女優。デビュー当初はミス・アーミーとして、アメリカ軍勧誘のキャンペーンガールを務めるアイドル的存在だったがゆえに、世間は彼女の変貌《へんぼう》ぶりに驚嘆した。ちなみにF・T・Aとは、表向きには“Free the Army”（軍隊解放）

の略称だが、フォンダの本音はもちろん"Fuck the Army"（軍隊なんてくそ食らえ）だった。

一九七二年七月、「ハノイ・ハンナ」が言うように、フォンダは戦時中だというのに、敵国であるはずの北ベトナムの首都ハノイを訪れている。その際、北ベトナム軍施設を表敬訪問。アメリカ軍機を狙う高射砲に腰掛け、にこやかに兵士と談笑する写真が、アメリカを含む各国に配信された。

「ハノイ・ジェーン」。これを契機にフォンダにつけられた不名誉な愛称。後に繰り返し自らの軽率さを謝罪したが、このとき犯した失態が彼女のその後の人生について回ったことは否めない。フォンダの人生を描くドキュメンタリー番組『ジェーン・フォンダ五幕』（二〇一八）では、一九七一年九月大統領リチャード・ニクソンがホワイトハウスで語ったフォンダに対する言葉が冒頭に流れる。「ジェーン・フォンダ。彼女ときたら一体どうなってるんだ。父親のヘンリー・フォンダが気の毒だ。素晴らしい女優だし、とても可愛い。だが、時折おかしなことをしでかす」（"Jane Fonda" 0:00:20-54）。ニクソン政権下、フォンダはつねにマークされる存在だった。

3　キム対トゥイ

話を舞台に戻そう。北ベトナムの勝利とサイゴン凱旋を歌う「モーニング・オブ・ドラゴン」の後半、今や囚われの身となったエンジニアがトゥイの前に引きずり出されると尋問を受ける。

三年間の再教育キャンプでの生活。再教育と称して、旧南ベトナムの腐敗した体制から共産党新政権に順応するよう指導が行なわれた。しかし、その実体はといえば、食べ物はおろか充分な睡眠も与えられない強制労働だった。拷問を受けた者も少なくない。そして、そんな生活を一〇年以上の長きにわたり強いられる者もいた。

その対象となったのは、旧南ベトナムの軍人や政治家など国家の中枢にいたエリート階級。資本家や商人、医師や教師も含まれていたという。二〇〇〇万人といわれた旧南ベトナム国民のうち五%にあたる一〇〇万人ほどが、再教育キャンプへ送られたという情報もある（Jamieson 363）。実際、大家族の多いベトナムでは、身内の誰かが再教育を受ける状況だった。このことは新国家の規律と統制を強める上で、充分な心理的効果を与えたようだ。

それでも、『ミス・サイゴン』ではエンジニアがしたたかに歌う。「人の中身は変わりゃしない／奴らは俺を洗脳した／だが 俺は俺／心のなかじゃ わかってる／どこへ行こうとホー・チ・ミンに忠誠を誓おう／でも 思いはアメリカさ」。そんなエンジニアを処刑しようとする兵士たちを制止するのが、人民委員に出世したトゥイ。命と引き換えに四八時間以内にキムを探し出すようエンジニアに命じる。

こうして統一ベトナムで、タムとひっそり暮らしていたキムが見つけ出される（【写真7】）。「クー・クー・プリンセス」。エンジニアとキムとの掛け合いに、途中からトゥイが加わる一曲だ。

The New York Times/アフロ

【写真７】　統一ベトナム
――苦しい生活を送るキムとタムをエンジニアが見つけ出す

「クー・クー」とは、エンジニアがキムを見つけるときに発する言葉。「気がおかしい」との意味をもつスラング。息子タムをトゥイから守るためにキムが取る行動を予見させる。

そのキム。エンジニアに続くトゥイの登場にも、クリスへの愛は少しも揺るがない。その理由を示すためにと、タムを抱き寄せる。これに逆上したトゥイがタムを刺そうとした瞬間、キムは持っていたクリスの銃を発砲する。時間にしてわずか五分ほどの展開。ここに反復されるのは、アメリカ軍の支援を受けた南ベトナム軍がベトコンを殺すという戦時中の構図。キムのトゥイ殺害には、ベトナム戦争時の複雑な人間関係が映し出される。

とはいえ、舞台が描くのは戦後の統一ベトナム。トゥイ亡きあとに残されたのは、旧南べトナムの残党キムと、キムが産み落とした混血の子タム。そして、タムを巧みに利用しようと画策する悪党エンジニア。「この子の鼻を見せてみろ／こいつは……こいつは最高だ／俺のパスポートだ／新しい人生がはじまる／おまえのガキはアメリカ人／きっと入国できるぜ／さあ　行こう！」（「キムとエンジニア」）。

実はエンジニア自身も、フランス植民地時代に生まれたフランス人の父をもつ混血の子だ。運命の皮肉。キムの兄になりすまし、タムに向かって話しかける「トランおじさんにキスしておくれ」。そして、決意も新たに、「早速、デラックス版ボートの予約を入れるぞ！」

ボートピープル。旧南ベトナム政府派や新体制の下、未来に希望がもてなくなった国民が、ベトナムを抜け出す唯一の方法。地下組織のエージェントに多額の金銭を支払い実現するボートの脱出。夜の暗闇に紛れ、さびれた漁港から小さな船に多くの難民がすし詰めになって祖国をあとにする。目指すはマレーシア、シンガポール、香港、タイといった近隣諸国に作られた難民キャンプ。そこから欧米諸国に亡命申請を行なう。

『ミス・サイゴン』では、キムらがバンコクへ逃れるのは、サイゴン陥落から三年を経た一九七八年のこと。このあたりの時系列は歴史的に正確だ。というのも、統一後のベトナムでは新体制の恐怖政治に脅えてか、脱越者は一時減少していた。しかし、一九七八年一二月に勃発したカンボジア・ベトナム戦争を契機に、再び脱越者数は増加に転じる。理由は何であれ、キムがタムを連れエンジニアとともにタイへ逃げたのが一九七八年というのは、タイムリーな展開といえる。

4　トゥイの死とさまよう魂

タイへと脱出したキムとタム、それにエンジニア。バンコクでは、難民キャンプから抜け出し、観光客相手のナイトクラブで働き、アメリカ行きを窺う。当てがあるのか、それともキャンプ生活から逃れたいだけなのか。周囲を鉄条網で張りめぐらされたキャンプ生活は、食べては寝ての単調な生活の繰り返し。第三国での受け入れが決まらないかぎり、次の目的地は存在しない。しかも、女性はつねに男性から身を守る必要があったのだから、逃げ出せるものなら逃げ出したいという気持ちは、キムやエンジニアでなくてもあっただろう。

第二幕では、クラブで働くキムとエンジニアの前にジョンが現れる。ジョンはタムの存在を確かめると、クリスもバンコクに来ていることをキムに告げる。しかし、クリスがエレンと結婚していることは切り出せない。ジョンは、キムとの再会をクリスに伝えると約束し、ホテルに戻る。

やがてひとりになったキムのもとに、トゥイの亡霊が現れる。「この顔は、おまえがあの日しっかりと見つめた顔／昼間は忘れていても／暗くなれば現れる」。「忘れたくても　忘れることはできないはず／隠すことのできない人殺しの罪／俺がいるかぎり　決して逃れることはできない」

（「キムの悪夢パート1 トゥイの亡霊」）。

ワシントンDCに建立されたベトナム戦没者慰霊碑には、五万八〇〇〇人を数えるアメリカ兵戦死者の名前が刻まれる。遺族や関係者ら多くの人々が訪れては、その霊を弔う。一方、ベトナム人戦死者の数は正確には把握されていない。ただ、南ベトナム軍だけで二〇万人以上、北軍とベトコンを併せておよそ一一〇万人。さらに、南北の民間人犠牲者に至っては二〇〇万人はいるという推計がある。とてつもない数字だ。

ベトナムには古くから「さまよう魂」という言い伝えがある。見知らぬ土地で死んだ人間の魂は、亡骸《なきがら》を生まれ故郷に戻さないかぎり、成仏できないというもの。これによれば、戦場で殺された行方不明の魂は、いまだにこの世をさまよっていることになる。その「さまよう魂」を弔う唯一の方法は、少しでも多くの遺品を探し出し、遺族のもとに送り届けること。そうすることで、魂の一部は故郷に戻ることができるという（Karlin 180, 183）。

ならばキムに銃殺されたトゥイの魂は、いまだにこの世をさまよっているのだろうか。舞台では悪役のトゥイだが、見方によってはアメリカ軍の銃で殺されたもうひとりの戦争犠牲者でもある。その意味では死んだトゥイが「さまよう魂」として、キムの前に再び姿を現すのは秀逸な演出だ。これもまた、『蝶々夫人』には見られない展開だ。戦争の意味にこだわる制作者チームの想いを感じる。

一方、キムが最後に自害するのは、『蝶々夫人』の筋立てに倣ってのこと。シェーンベルクはこれを「究極の自己犠牲」と考えた。しかし、ベトナムの伝統文化では、カルマの働きを大切にする習慣がある。カルマとは仏教に見られる因果応報のこと。前世の行ないが現世にもたらす結果のこと。良い行ないは良い結果によって報いられ、悪い行ないには悪い結果が伴う。信心深いベトナムの人々は、カルマの教えを大切にすると同時に、少々拡大解釈もする。

たとえば、一九六三年一一月二二日。ジョン・F・ケネディ大統領（一九一七―六三）が暗殺されたときに、これをカルマの所業と見なしたベトナム人が多くいた。なぜなら南ベトナム大統領ゴ・ディン・ジエムが直近の一一月二日に軍クーデターによって殺害されていたからだ。人々は裏で糸を引いたのは、アメリカだと信じていた。

実はベトナム戦争が続くなか、ゴ大統領は密かに北ベトナムとの和平を模索していたといわれる。それがアメリカに不信感を与え、ＣＩＡアメリカ中央情報局が動いたというのだ。謀略には謀略を。カルマはやがて自分の身に降りかかる。それから一ヶ月も経たないうちにケネディが暗殺されたのは、ベトナムの人々にとって驚きではあったが、当然の成り行きでもあった。

よってカルマの視点から見れば、キムの死はトゥイを殺害したがゆえに自らに降りかかる天罰に等しい。タムを守るためとはいえ、同胞を殺した罪は、死によって報いられなければならない。シェーンベルクのいう「究極の自己犠牲」から生まれた舞台も、見方を変えればカルマに左右されるはかない人間の運命を描く物語ということか。

第7章　望まれざる子どもたち――ブイ・ドイの歌

1　声なきタム

『ミス・サイゴン』の演出で、気になることがひとつある。それはタムの存在だ。『蝶々夫人』の茶目に相当するタムの名前は、ベトナム語で「心」を意味する。アメリカとベトナムの間に生まれた愛の結晶に相応しい名前だ。

ちなみに蝶々夫人とピンカートンの子ども茶目の名は、ロングの原作では「トラブル」（"Trouble"）だ。ピンカートンが帰国したあとに生まれたので、蝶々夫人が名づけた。邦訳の「茶目」というのは意訳というよりむしろ婉曲的な表現で、本来ならば「面倒」であるとか「心配ごと」というべきだろう。ただし、『蝶々夫人』を読めば、「トラブル」は「ジョイ」（"joy"）を意味するとも書かれている（Long 12）。作者の真意は何なのか。茶目は蝶々夫人にとって生きる「喜び」である一方、ピンカートンにとっては「面倒」ということか。両義的な意味をもたされていたのが『蝶々夫人』の茶目だった。

それに比べるとタムの名前には表裏がない。誰からも愛されるべき存在という制作者たちの意図が伝わってくる。もっとも、キムとクリスとでは、タムに対する気持ちに温度差があることは一目瞭然《りょうぜん》だ。エレンを前にして、一心同体ともいえるキムとタムをアメリカへ連れていくことはできないと決意するクリスには、父親としての自覚や責任感が欠けている。

舞台終盤の一曲「エレンとクリス」では、そうしたクリスの気持ちが表れる。「ほかに方法がない／答えははっきりしている／キムとタムはバンコクに残る／ふたりのことは僕らが援助する」。そして、「これで決まりね」と念を押すエレンにクリスは言う。「これで決まりだ／計画は整った／キムは賢い娘だ／きっとわかってくれる」。

この見通しの甘さは、戦争でのアメリカの見通しの甘さに似ている。クリスがタムをキム任せにする決心をしたがゆえに、キムは死を選択せざるを得ない状況に追いこまれていく。戦争末期、すでに南ベトナムにとって同盟国以上の存在になっていたアメリカが、軍の撤退を決めたがゆえにサイゴンは陥落し、国は崩壊に至った。それと同じことが繰り返される。

話をタムに戻せば、気になると冒頭で述べたのは、タムには一言も台詞がないということ。ナイトクラブの薄暗い控え室にひとり放っておかれたタムが、ジョンを連れて戻ってきたキムにニッコリと微笑むのが唯一印象的なシーン。胸にはミッキーマウスの絵柄が入ったTシャツ。幼いタムが自ら選んだとは思えない。母キムのクリスへの想いとアメリカへの憧憬が投影されているのだろう。言葉を奪われたタムの存在は、まさにブイ・ドイ。意味するところは「埃の子」。英語では、「チャイルド・オブ・ダスト」。

名曲「命をあげよう」で、キムはタムに向かい「愛があなたをこの世に産んだ」と歌うけれど、現実世界に生まれたブイ・ドイの人生はこの世の地獄を生きるに等しかった。いわゆる「ハーフ」がもてはやされるのは後の時代のこと。ベトナムでは、戦中・戦後を通じてフランス兵やアメリカ兵とベトナム人女性の間に生まれた子どもたちはひどく蔑まれた。

第二幕のハイライトのひとつ、エンジニアが歌う「アメリカン・ドリーム」の冒頭。「親父はハイフォンの入れ墨師だった／だが　親父がお袋にしてやった入れ墨の効果は長くは続かなかった／お袋はベテルナッツの実を食ってはハイになり　身を売った／俺の仕事は赤い顔したムッシューを連れてくること／お袋を売るのは　さすがに辛かった」。そんな時代に生まれた混血の子どもには、キムが訴えるように「未来がない」のが当たり前だった。

ところで初代エンジニアをウェストエンドで演じたのは、イギリスの名優ジョナサン・プライスだ。子どもの頃から母親のポン引きをして生計を立てたエンジニアは、フランス人とベトナム人の混血という設定。プライスはこの役を演じるにあたり、色つきのコンタクトをつけてはアイラインを上げ、アジア風にメイクをして挑んだ。一方で、「親父はハイフォンの入れ墨師」という歌詞からは、エンジニアの父が北ベトナム出身のベトナム人だったようにも解釈できる。とすれば、エンジニアは母の産んだ私生子なのか。ともあれ、『ミス・サイゴン』の構想を練りはじめた当初から、シェーンベルクとブーブリルはこの役を東西のつなぎ役にしたかったようだ。フランス人の父とベトナム人の母をもつという設定は、エンジニアの役柄を示すにも、時代背景を示すにも最適だったのだ。

このような訳知りの存在が、舞台の上のエンジニアだ。ちなみに英語では、エンジニアのような人物をコスモポリタンと呼ぶ。あらゆる経験から世渡りに長けているということ。だから、ベトナム人女性を身ごもらせたアメリカ兵の胸中を察するのにも苦労はない。クリスがバンコクに来たことを知って歌う「クリスはここに」からの一節。「あの男は信用できん／というか 子どもができたと知ったアメリカ兵は信用ならん／クリスをまず捕まえろ／まず俺が居場所を突き止める／奴が逃げ出す前に」。

仲睦《なかむつ》まじいように見えたふたりが、子どもができたとわかった途端に関係が終わる。ベトナム戦争ではよくある話だった。キムとクリスの関係も同じようなものと決めてかかるエンジニア。これに無邪気に返すキム。「クリスは信用できる人／心配ないわ」。だが、エンジニアは取り合わない。「俺に食ってかかるんじゃない／とばっちりはごめんだ／言われた通りにすればいい」。事実、キムにとって辛い出来事がこのあと続く。

　この間タムは黙ったまま。いくら幼いとはいえ、少しは台詞をつけてあげればと思うのは筆者だけだろうか。あえて台詞を与えないことで、大人の無責任な言動に翻弄《ほんろう》される子どもの運命を強調するのが狙いなのか。気になるところではあるが、ここではタムのような子どもたちがたどった人生を、史実のなかで振り返ろう。

2　ブイ・ドイを救え

　第二幕冒頭「ブイ・ドイ」の歌。「埃の子」と呼ばれる子どもたちの窮状を表す曲。「地獄で命を授かり／争いの世界に生まれた／俺たちが為そうとして失敗した善意の証／忘れることなどできない／忘れてはならない／俺たちが産んだ子どもたちでもあることを」。

　戦後、ブイ・ドイを救うために働くジョンは歌う。「仲間たちと同じように／故郷に戻れば　もう関係ないと思っていた／でも今は違う／決してベトナムを忘れることはできない」。「戦争が本当に終わったわけじゃない／いつまでも心から離れない光景がある／ベトナムに残してきた子どもたちの顔」。「この子たちに居場所はない／顔に刻まれた秘密は　隠そうにも隠せない／引き裂かれた国に住む混血の子どもたちのために／願いを込めて人々に頼んで回るようになるとは思いもしなかった」。

ブイ・ドイ。そもそもは二〇世紀初頭、都市部を中心に浮浪生活を送る子どもたちを指した言葉。それが欧米人、とりわけアメリカ人とベトナム人女性の間にできた子どもたちを意味するようになったのは、ベトナム戦争後のことだという。ベトナム社会はこうした子どもたちの存在を決して受け入れてこなかった。子どもたちはあまりの差別に教育を受けることもままならず、物乞いになるか犯罪に手を染めるしかない人生を歩んだ。保守的な社会を前にして、混血の子を隠そうとする親が、出生届すら出さない場合もあったという。

戦後、積極的にこうした子どもたちを受け入れたアメリカの対応も、当初は冷たいものだった。ブイ・ドイ、アメリカではアメラジアンと呼ばれる子どもたちの「福利厚生は、アメリカ政府の責任外」というのが一九七〇年の合衆国国防省の公式見解だ。「アメリカ社会には必要ない悪い存在」とまで言い切った（Lamb par. 2）。

この方針が大きく変わるのは、サイゴン陥落直前一九七五年四月のこと。北ベトナムによる激しい攻撃にさらされた南ベトナムでは、北ベトナムの共産党政権がアメリカ軍と関係した多くのベトナム人を虐殺するとの噂が飛び交った。そこにはブイ・ドイも含まれる。そこでジェラルド・フォード大統領は、アメリカ人兵士とベトナム人女性の間に生まれた戦争孤児二〇〇〇人をサイゴンから救出する計画を立て、これを実行に移した。いわゆるオペレーション・ベビーリフトだ。作戦がはじまったのはサイゴン陥落直前の四月四日。アメリカ軍がベトナム戦争を通じて実施した初めてともいえる人道作戦だった。しかし、それはいきなりの不幸に見舞われる。午後四時、サイゴンのアメリカ空軍基地からアメラジアン孤児を乗せた最初の軍輸送機が飛び立った。そのおよそ一〇分後、機体はコントロールを失い急降下。後方付近で小爆発があったといわれる。不時着を試みるも、それに失敗した機体は地面に叩きつけられクラッシュした。乗員の半数以上にあたる一三八名が死亡する悲劇だった。死者のうち七八名は孤児だった（"Remembering the First Operation" par. 3）。

前途多難を印象づけるはじまりにもかかわらず、その後も作戦は継続された。そして、北ベトナムの激しい攻撃を受け、基地から航空機の安全な離発着ができなくなる四月二六日まで、子どもたちの脱出は続いた。この間、予定よりも一〇〇〇人以上多い三三〇〇人の戦争孤児が南ベトナムからアメリカへ移送された。アメリカに着いた孤児たちは養子縁組を結び、一般家庭で育てられた。『ミス・サイゴン』の出発点とシェーンベルクが言う一枚の写真の女の子は、おそらくこのプログラムで出国が決まったひとりだろう。

しかし、この作戦には当初から批判もあった。北ベトナムが「幼児誘拐」とアメリカを激しく糾弾したのに加え、国際社会でもその正当性が議論された。ただ、救出された孤児たちからは、今でも養父母への感謝の声が聞かれる。二〇一六年には、作戦決行四〇年を記念して、サンフランシスコにある元アメリカ軍駐屯地プレシディオで、回顧展『オペレーション・ベビーリフト』

が開催された。当時の資料などを展示することで、この出来事がアメリカ社会に与えた影響を顧みるイベントになった。

ベトナム統一後には米越間の国交が途絶えるなか、国際連合を介した人道救助が模索された。とくに一旦落ち着いた脱越者数が増加に転じたカンボジア・ベトナム戦争以降、その動きは活発化した。一九七九年、国連難民高等弁務官事務所による合法出国計画が策定されると、アメリカやフランスといった第三国に親族がいるベトナム人ならば、国連管理によってベトナムからの出国・亡命が可能になった。

一九八〇年に動きはじめた合法出国計画は、その後長期にわたり継続。一九九七年にプログラムが終了するまでに、ベトナムから出国した人々の数は六二万人を超えた。そのうち四五万人以上がアメリカを目指した。第二の受け入れ先はカナダで、その数六万人余り。旧宗主国フランスへは二万人弱が渡った。こうした数字から、いかに多くのベトナム人がアメリカを目的地としたかがわかる。エンジニアが歌う「アメリカン・ドリーム」は、『ミス・サイゴン』が作る舞台上の幻想では決してなかった。

さらに、一九八九年には戦時中アメリカ人兵士とベトナム人女性の間に生まれた子どもたちを対象に、戦争孤児を受け入れるアメラジアン計画が策定された。これにより孤児本人だけではなく、その親族もアメリカへの移住を許可された。

そのなかには、一度は捨てたブイ・ドイの親権を主張する親もいれば、親族関係をねつ造し、アメリカを目指した不届き者もいたという。タムの叔父になりすましたエンジニアのような存在が、ごく普通にいたということだ。実際、戸籍登録のない孤児の場合、親子関係は立証しにくく、詐欺まがいの行為が横行する原因になった。ともあれ、このプログラムにより二万三〇〇〇人の戦争孤児と、それをはるかに上回る六万七〇〇〇人の親族がアメリカへ入国した（Johnson, “Children of the Dust” par. 3）。

3　ベトナム戦争と人種と階層

人道支援の結果、タムのような境遇の戦争孤児たちに、アメリカ行きの道が開かれた。しかし、戦争孤児の実数は計り知れず、より多くの子どもたちがベトナムに取り残されたまま、辛い人生を送った。ベトナムが国際社会に復帰した現在では、容姿だけが理由でアメラジアンが差別されることは減っているというが、教育程度が低いことが社会生活の妨げになっているようだ。

また、親や親族から見放されたブイ・ドイが、街頭生活を余儀なくされることも多かった。戦争孤児たちが集団で物乞いをしながら暮らす姿は、戦後珍しくなかったのだ。ジョンは歌う。「子どもたちの魂が助けを必要としている／恵みを必要としている／誰かがこの子たちに生きる機会を与えなければならない／そのための力を貸して欲しい」。

一方、アメリカに無事たどりついた孤児たちの生活も、決して易しいものではなかった。なによりもアメリカで父親を見つけることができた孤児は、全体のわずか三%以下。また、子どもたちの教育レベルは押し並べて低く、実際に市民権を得ることができた孤児の数はかぎられていたという。当然、職探しにも苦労が伴う。ドラッグに溺れる者、裏社会で暮らすようになる者も少なくなく、その先に待ち受けるのは監獄暮らしだった（Lamb par. 6）。

一九九一年から一九九二年にかけての統計では、調査対象となった一七〇人の戦争孤児のうち、一四%が自殺を試みたことがあり、七六%がベトナムへ帰ることを望んでいるという衝撃的な結果になった。多くはアメリカ人の父との再会を望んでいるものの、父親の名前を知る子どもたちはおよそ三分の一程度に留まった（par. 24）。

それでも受け入れ先の養父母の援助や孤児本人の努力から、新たな人生を切り拓くことができた場合もある。とくにベトナム人実母とともに移住し、英語の取得が容易に進んだ場合には、社会への順応が比較的円滑に進んだ。

こうした子どもたちの未来を助けるために努力するのが、『ミス・サイゴン』のジョンだ。言葉語らぬタムに代わり、その辛い立場を代弁する役回りでもある。クリスの相棒として、ときに間違った判断を下す友人を助ける良きアメリカ人の代表でもあるジョン。原作『蝶々夫人』に描かれるアメリカ人領事シャープレスに相当する役柄として、舞台では最も思慮深い判断を下す。

「正しいことをしなければならない／タムのために／俺たちのために／キムのために」(「エレンとクリス」)。

そのジョンの配役だが、公演ごとに人種のブレがあるのが少々気にかかる。一九八九年のウェストエンド初演では、キプロス系イギリス白人のピーター・ポリカーポウが務め、一九九一年のブロードウェイでは西ドイツ生まれの黒人俳優ヒントン・バトルが起用された。黒人キャストの起用は、モルトビーのアイデアだろう。二〇一七年のインタビューで、モルトビーは黒人兵士と南部出身の白人兵士の友情が『ミス・サイゴン』のテーマのひとつだと語っている（"#64 Richard Maltby Jr." 28:20-55)。

その後のプロダクションでは、白人俳優がジョンを演じることもあった。それでもカリブ系のイギリス人俳優ヒュー・メイナードを起用した二〇一四年のロンドン・リバイバル公演では、モルトビーの考えが踏襲された。また、ニューヨークでのリバイバル公演でジョン役を務めたニコラス・クリストファーも、バミューダ諸島出身の俳優だ。その後に続くアメリカ・ツアー公演では、黒人俳優J・ドートリーがジョン役を務めた。

筆者としては、タムらブイ・ドイの立場を代弁するのがジョンであることから、マイノリティを代表するという意味で黒人俳優がその役を務める方がしっくりくる。モルトビーの言う「人種的意味合い」が伝わりやすいからだ。一九五〇年代から一九六〇年代にかけて、黒人を中心とするマイノリティの人権回復を目指した公民権運動と時期を同じくして起きたのがベトナム戦争だ。当然、戦争には「人種的意味合い」が多く含まれる。

まず何よりも、ベトナム戦争はアジア人に対する差別的攻撃と見なされた。日本では、一般市民が多く犠牲になった太平洋戦争末期の広島・長崎への原爆投下には、人種的偏見があったのではという議論が尽きない。同様にベトナム戦争末期の一九七二年、ニクソン政権が指示したいわゆる絨毯《じゅうたん》爆撃で、軍事施設だけではなく多くの民間施設が破壊され、市民の多くが死傷した。和平交渉に応じない北ベトナムを動かすための戦略とはいうものの、民間人の命を多数奪った無差別攻撃は、明らかに人道上問題のある作戦だった。その裏にベトナム人の命を軽く見る人種的偏見があったことは否めない。アメリカ国内での反戦運動が、より活発化したのもこの時期だ。ジェーン・フォンダがハノイを訪問したのもこの頃にあたる。多くのアジア系アメリカ人活動家は、反戦を通じて繰り返しニクソン政権を批判した。

一方、モルトビーはベトナムで戦った兵士の多くは徴兵制によるもので、労働者階級の白人と黒人が中心的役割を担っていたことを指摘する。この点については、補足が必要だろう。というのも、公式発表では、戦争全体を通じての徴兵率は二五%と決して高くはない。むしろ志願兵の数の方が圧倒的に多い。また、戦争全般における黒人兵の割合もアメリカの人口比に準じており、戦死者の割合も白人兵士に比べて著しく高いとはいえない（“Vietnam Statistics”）。

それでも、ベトナム戦争では労働者階級出身の兵士や黒人兵が酷使されたと長く指摘されてきた。モルトビーの認識も決して誤ってはいない。徴兵者の割合についていうならば、ベトナム戦争の従軍兵士を、徴兵者と志願兵の二項目に単純分けするのは誤りだという専門家の声がある。なぜなら志願兵のなかには、いずれ徴兵されるのではという心理的不安から、あるいは退役後に約束される奨学金の支給を目当てに、先んじて志願する場合が多くあったからだ。このような疑似志願兵が志願者全体の半分を占めるという報告もある（Appy 28-30）。

また、労働者階級の比率については、陸海空軍、および海兵隊のどれをとってもブルーカラーの家庭出身者が半数以上を占める。一方で、ホワイトカラーの家庭から兵役に就いた若者の割合は一〇％後半から二〇％程度。アメリカ社会全体では、ホワイトカラーの家庭は四〇％以上を占めているから、やはり労働者階級出身者が多い軍隊だったといえる（23）。

さらに兵士の教育レベルを調べてみると、高校卒業後に兵役に就いた若者の数が半数を超える。高校を卒業せず、つまりドロップアウトして入隊した兵士も二〇％前後を占める（26）。

一方で、大学生は全般的に少ない。大卒者の割合はさらに少ない。ただ、エリート優遇の批判を受けてだろうか、戦争末期の一九六〇年代後半から一九七〇年代初頭にかけては、大学生の割合も大卒者の割合も上昇している。この場合もいわゆる四年制大学よりも、コミュニティ・カレッジと呼ばれる職業訓練的な大学に通う学生の割合が高いとする指摘がある。ましてやハーバードなどエリート大学の学生が兵役に就くことは、きわめてまれだった。また、仮に兵役に就いても戦地に行くことなく訓練のみで終わるか、ベトナムに派遣されても前線に送られることはまずなかった。二一歳以下の戦死者の割合が六割以上を占めていることも含め、労働者階級出身の若い命が多く失われたことは否定できない事実のようだ（"Vietnam Statistics"）。

では、黒人兵は本当に多かったのだろうか。よく引き合いに出されるのが、公民権運動の指導者で黒人穏健派だったマーチン・ルーサー・キングが、戦争が進むにつれて軍隊批判を繰返したことだ。そのなかで目を引くのが、黒人兵の戦死者に占める割合が二割を超えるという一九六七年の演説。軍隊全体での黒人比率が一〇％程度だったことから、より多くの黒人兵が危険なミッションを命じられているとする批判だった。

一方で、戦争全期での黒人兵士の戦死者は全体の一二％程度だったことから、キングの指摘は誤りだったとする保守派の声もある。この数字は軍隊における黒人兵士の比率より若干高いものの、充分納得のいくものだという反論だ。しかし、これにはカラクリがあった。というのも、キングら批判者の声を受け、アメリカ軍は黒人兵に与える危険な作戦行動を意図的に減らしていったとされる。公民権運動を経た時代、マイノリティに対する配慮が必要だったということか。一九七〇年代に入る頃には、黒人兵の戦死者比率は一〇％を下回るようになる（Appy 19-21）。皮肉なのは、危険なミッションを共有することで、黒人兵と労働者階級出身の白人兵の間にアメリカ本土ではありえない連帯が生まれたこと。黒人社会もこのことには理解を示した。また、軍隊という規律厳しい世界において達成された人種の平等を、メディアは称賛した。事実は、より多くの黒人兵が他の兵士に代わって危険な作戦行動に駆り出されたということ。一方、軍隊で昇進する黒人兵の割合は著しく低く、高卒者が多かった労働者階級出身の白人兵士の出世も珍しかった（21-22）。まさにモルトビーが指摘した通りのことが、軍隊では起きていた。

4　ブイ・ドイに未来はあるか

ところで、タムはその後どうなったのだろうか。キムの自害で幕を閉じる『ミス・サイゴン』では、タムがアメリカに無事渡ったのか否かは定かでない。舞台の展開から判断して、クリスとエレンに連れられてバンコクを旅発ったであろうと推測するまでである。二一世紀となった今では、この舞台で一番物足りないのはタムの描かれ方だろう。続編があっても良いのでは、と思ってしまうのは筆者だけだろうか。

もっとも、『ミス・サイゴン』がプロダクション化されたのは、一九八〇年代後半のこと。まだまだブイ・ドイの救出が続いていた時代だ。アメリカに来た孤児たちの人生も不安定で、将来を描くこともままならない時期。アメリカのベトナム系社会全般を見ても、サイゴン陥落から一〇年余りを経た当時は、ようやく難民の生活が軌道に乗りはじめたばかりだった。

その難民の生活拠点となったのがリトルサイゴンと呼ばれる小コミュニティ。今や全米各地に点在する難民社会は、若く活気あふれる共同体としてベトナム系ならではの文化を形成するまでに成長した。とくに難民が当初収容されたカリフォルニア州アメリカ軍海兵隊駐屯地キャンプ・ペンドルトンに近いロサンゼルス近郊ウェストミンスター市には、全米で最大規模のリトルサイゴンが広がる。

そこで難民家族が経営する飲食店や商店では、ベトナム料理やアジアの食材を楽しむことができる。また、巨大なショッピングモールでは、ゴールドをはじめとするベトナム人好みの宝飾品や、ベトナムから輸入されたＣＤ、ＤＶＤが売られる。以前、筆者が訪れた際には、ベトナムの通貨ドンで買い物ができたと記憶している。

街並みこそアメリカ的ではあるが、一歩店内に入ればそこはまさにリトルサイゴンならぬ小ベトナム。人々が話す言葉も英語よりベトナム語が多い。また、街のあちこちでは、星条旗とならび旧南ベトナム国旗が風にはためく。ベトナム系の人々は、これをヘリテージ・フラッグと呼ぶ。彼らにとっては、統一ベトナムではなく、南ベトナムがいまだに祖国なのだ。

そんな街のどこかにきっとタムもいるのだろう。すでに触れたように、アメリカに渡ったブイ・ドイが歩んだ道のりは決して易しいものではなかった。それでも、この新しい社会で人生を切り拓くことに成功した若者も少なからずいるはずだ。というのも、『ミス・サイゴン』がロンドンからニューヨークへ舞台を移した一九九〇年代には、若い難民世代が成人し、社会の至る所で活躍しはじめるからだ。そのなかにはタムのようなブイ・ドイもいた。

一例としては、自らの半生を語った小説『望まれぬ者』（二〇〇一）でデビューを果たした作家キエン・グエンがいる。グエンは合法出国計画の下、アメリカ人の父とベトナム人の母の間に生まれたアメラジアンとしてベトナムを出国。一九八五年、アメリカの地を踏んだ。

簡単にグエンの半生を紹介しよう。アメリカ人の父と裕福なベトナム人の母の間に生まれた少年グエン。父と母の関係は長くは続かず、同じような関係から生まれた異父弟のロアンがいた。その彼がサイゴン陥落を経験するのは七歳のとき。ベトナム人の母ら親族とともにアメリカ大使館内で救援ヘリコプターの順番を待つが、乗るはずだったヘリコプターが目の前でクラッシュ。後続機は現れず、崩壊する祖国に取り残された。

統一ベトナムの時代、グエン一家は財産を没収され、家族は貧困に苦しんだ。また、アメリカ人の血を引く少年が受ける差別は、想像を絶するものだった。この頃のグエンは、アメリカの存在に「微かな望み」をつなぎ、脱越することだけを考えていたという（Nguyen, Kien）。その後、母の友人の助けで、家族と別れたグエンが単独で脱越を決行したのは一四歳のとき。しかし、この試みは失敗に終わり、新天地に代わり彼を待ち構えていたのは、二ヶ月間の再教育キャンプでの生活だった。やがて合法出国計画が認められ、グエンが家族とともに出国できたのは、それから四年後のこと。タイのアメリカ領事館に難民申請を求める手紙を書いたグエンの望みが、受け入れられた結果でもあった。

グエンに特徴的なのは、ベトナムへの帰属意識が希薄なこと。「未来に対する不安と社会からの疎外感」を抱いて生きてきたアメラジアンならではの感覚といえる（吉田 一二七）。タムは幼くしてタイに逃げているが、アジア社会に残れば、やがて同じような意識に苛まれることになるのかもしれない。

幸いにして、グエンはアメリカに渡ると猛勉強を重ね、ニューヨーク大学歯学部に進学。現在は歯科医として生計を立てる。作家としては、『望まれぬ者』に続き、ベトナム伝統文化に見られる神話的世界を表した『タペストリー』（二〇〇二）と、フランス人宣教師がベトナムで送る波乱の人生を描いた『植民地』（二〇〇四）を出版している。

ただ、グエンの人生は、決してブイ・ドイの典型的な歩みを示すものではない。だからこそ必要なのは、様々な人生を歩むタムのような子どもたちの物語を描くこと。キムの悲劇が戦後間もないベトナムを描いたのならば、タムの物語は二一世紀を生きる新しいベトナムの物語となるに違いない。

第８章　ベトナム戦争の妻たち――今も信じてるわ

１　エレンが歌うポスト・ベトナムの歌

『蝶々夫人』から出発したがゆえの『ミス・サイゴン』の問題点のひとつに、ピンカートンの妻ケイトから生まれたエレンの役作りがある。ロングの小説でも、プッチーニのオペラでも、ケイトには自分自身を表現する場がなかった。それどころか蝶々夫人の敵役として、茶目を引き取りにアメリカからやって来るという汚れ役を一身に担った。

蝶々夫人が自殺未遂に終わる原作と、自害して果てるオペラ版とでは展開は異なる。しかし、いずれの場合でも、ケイトの内面がていねいに描かれることはなかった。感情のない冷淡な女性という印象だけが残る。オペラ版『蝶々夫人』について、ブーブリルは言う。「ケイトのための曲は書けないと、プッチーニは言っていたようです。彼はケイトがいなければ良いとすら思っていました。私たちにも同じような問題意識はありました。でも、なんとかエレンをリアルなキャラクターに仕上げることができました。良い曲を与えることができたのです」（Behr and Steyn 31）。

第一幕、キムとの立場の違いを示す曲「今も信じてるわ」、第二幕後半「キムとエレン」、「今、彼女に会った」（現在は「メイビー」）、「エレンとクリス」は、どれもエレンに命を吹きこむ歌だ。ベトナム退役兵が置かれた苦境を表すのになくてはならない存在として、舞台でのエレンは重要な役を演じる。そして、自ら声を発することで、クリスの過去に翻弄されるだけではない、ひとりの女性としての生き方を表現する。

その意味では、蝶々夫人にとってのケイトとは違い、キムにとってのエレンは必ずしも敵ではない。立場こそ違えど、戦争犠牲者のひとりとして理解されるべきだろう。クリスとともにタムという十字架を背負って生きなければならないのが、退役兵の妻エレンに与えられる使命だからだ。

そのエレンが歌う最初の一曲が「今も信じてるわ」。キムとの掛け合いが見事なこの曲で、ふたりの置かれた立場の違いが明らかになる。まるで闘っているかのようにエレンとキムが声を張り上げ競い合う。最後は声を合わせてのフィナーレ。シェーンベルクの才能が存分に発揮された一曲だ。「わたしとならば大丈夫（信じているかぎり）／でも、あなたが言おうとしないことを知りたいわ（わたしは生き続ける）／さあ、お眠りなさい（あなたはきっと帰ってくる）／泣いてもいいのよ（わたしにはわかるの）／あなたの妻はわたしよ（わたしはあなたといつでも一緒）／いつまでも死ぬ日まで（いつまでも死ぬ日まで）」。

この曲を通じて観客の心に刻まれるエレンとキムの対照的な立場が、第二幕になると効いてくる。エンジニアの言うがままに、クリスの部屋を訪ねるキムが出会うのはエレン。この時点でキムは、まだクリスの結婚のことを知らない。エレンをジョンの妻だと勘違いするのはそのためだ。「三一七号室ではありませんか　ごめんなさい／それとも　ジョンの奥様ですね　そうでしょう」（「キムとエレン」）。

一方、この出会いを半ば覚悟していたエレン。「あなたがキムね／クリスはあなたのことを探しに出たわ／お入りなさい　誰もあなたを傷つけたりしないわ／わたしはクリスの妻エレン」。「先にあなたに会えて良かったのかもしれない／わかるかしら　あなたの名前は知っていた／わたしがあなたの立場だったらどう感じるのかしら　わからない」。

驚きのあまり取り乱すキムに、エレンはクリスには新しい人生が必要だったと語りだす。すぐに分の悪いことを察したキムは、タムの将来に思いを馳せる。「息子にはまともな人生を歩んでもらいたい／路上でドブネズミのような生活を送って欲しくない」。そして、こう切り出す。「お願い　タムを連れていって」。エレンが『蝶々夫人』のケイトと違うのは、ここでの反応だ。「キム　母親から子どもを連れ去るなんて／そんなの絶対に無理」。

一方、キムも譲らない。ケイトを前に茶目を失うことを覚悟し、そのショックから自害しようとする蝶々夫人とは違う。キムはむしろ積極的にエレンにタムを引き取らせようとする。「あなたがタムを連れていくのよ／そうすれば　あの子はわたしが望んだ人生を送れる」。タムというベトナムの「心」をめぐるやり取りは、茶目を介する蝶々夫人とケイトの駆け引きとは大違いだ。

このあたりの筋書きにも、モルトビーの考えが強く影響しているのだろうか。無垢なアメリカ市民を代表するエレンは、タムというクリスがベトナムでキムに産ませた生命を前に後込みする。アメリカ軍がベトナムで為したことを頭のなかでは理解するアメリカ国民が、押し寄せるベトナム難民を前に、受け入れなければならないと思いつつも二の足を踏む様子と何ら変わらない。『ミス・サイゴン』の展開は、どこまでも寓意的だ。だから、キムは押し通す。「タムの未来はあなたとともにあるのよ／わたしとではない」。

アメリカの良心は、現実を前にいつでも無力だ。「キムとエレン」を締めくくるエレンの言葉。「こんなつもりじゃなかった／クリスを愛する娘に会うために来たんじゃない／ここに来たのは人助けのため／でも　何ができるのかしら／こうなった以上　一体どうすればいいの」。

2　アメリカの善意、意図せぬ悪意

アメリカの例外主義。たびたび政治や歴史の世界で用いられる言葉だ。アメリカが掲げる自由と平等という基本理念は、世界のなかでも唯一絶対のものであり、これを守るだけではなく、他の国々にも広めていく使命がアメリカ国民にはあるというもの。簡単にいえば、アメリカとは選ばれた民によって作られた国ということだ。そこには多分に宗教的なニュアンスが含まれる。

自由と平等を重んじる国家として建国されて以来、政治と宗教の分離を掲げてきたのがアメリカ合衆国。だが、その理念のなかにキリスト教プロテスタントの精神が刷りこまれていることは、つねに指摘されてきたことでもある。イギリスで迫害された清教徒が、メイフラワー号に乗ってボストン近郊のプリマスにたどり着いたのは一六二〇年のこと。以来、プロテスタントが掲げる自由と平等に根ざした社会を作ってきた。つまりアメリカ社会の根幹を形づくるのは宗教的な理念なのだ。

今では世界の国々で受け入れられる自由と平等という考えも、アメリカが建国された一八世紀後半にはきわめてユニークなものだった。当時、イギリス、フランス、スペインといったヨーロッパ列強といわれた国々は、すべて王制国家。国王を頂点とする固定的な階層社会だった。これに対し、革命によりイギリスから独立を勝ち取ったアメリカは、選挙で大統領を選ぶ自由民主主義の国。奴隷制などの問題点はあったものの、市民が国家の代表を選ぶのは他にはない希有な制度だった。これもアメリカの例外主義ゆえのこと。

そして、アメリカ国民はつねに自らのユニークさを誇りに思い、良いことは他の人々にも共有されるべきとの信念を貫いて行動してきた。アメリカ史の教科書に出てくる「明白なる運命」とは、そうした信念の一例だ。一九世紀アメリカで、先住民が暮らす土地を併合し、領土を拡張する際に用いられた概念。天命により選ばれたアメリカ国民が正しく世界を統治すべしという理念。覇権主義にとっては、体の良い口実ともいえる。事実、「明白なる運命」を旗印に、先住民の虐殺、米西戦争、ハワイ併合など、アメリカ的覇権を行使する戦争や侵略が次々と行なわれた。

ベトナム戦争もこの例外主義の延長線上に位置づけられる。その大義は、拡張する共産主義から自由民主主義を守ること。実際には、インドシナ植民地を守りきれなかったフランスに代わり、ベトナム支配にアメリカが乗り出したと言って間違いない。フランスが全面撤退すると、北緯一七度線を境に南北に分割されたベトナムに進出。南ベトナム大統領に親米派のゴ・ディン・ジエムを立て、実権を掌握したのは一九五五年。軍事・経済的な支援を南ベトナムに行なって、インドシナ半島の社会主義的統一を求める北ベトナムと対峙させた。

このようにアメリカの例外主義は、宗教的ミッションに似たものとして長く働いてきた。だから、世の中を良くしようという善意が、アメリカの行動にはつねに伴う。ただし、それがいつもうまくいくとはかぎらない。ベトナムの悲劇はそこから生じた。『ミス・サイゴン』制作にあたり、モルトビーが意識したのもその点だ。「ベトナムはアメリカン・ドリームの裏返しだったのです。わたしたちはベトナムにアメリカ的信念を売りに行きました。でも、最悪の結果を招いてしまったのです。『ベトナムの心《ハート》をつかむ』というスローガンの下で決行したアメリカの作戦は、村を火炎放射器で焼き討ちにする結果になりました。わたしたちは信念を貫き通そうとしました。しかし、それが無理だとわかると、今度は強要しようとしたのです」（Behr and Steyn 148）。

一〇年以上におよぶアメリカ軍の駐留と北ベトナムとの戦争は、南ベトナムを疲弊させ、最終的には国の崩壊を招いた。伝統的なベトナムの風習を捨て、アメリカの影響を強く受けたサイゴンは、活気あふれる都市にはなったが、結局は北ベトナム軍の攻撃を受けて陥落した。良かれと思ってアメリカがはじめた南ベトナムとの関係強化が、意図せずして暴走した結果だった。

サイゴンに出てきたキムが歩む道のりは、時間のずれこそあれ、南ベトナムが歩んだ道程とそっくりだ。親が決めた許嫁だったトゥイから逃れ、クリスとの愛を育むキム。しかし、サイゴン陥落によりふたりの仲は引き裂かれ、キムにはクリスとの過去の証としてタムが残される。やがて、エレンとの対決。クリスの善意が意図せぬ悪意としてキムに降りかかる。キムが南ベトナムと同じ運命を歩まなければならないことは、あまりに明白だ。

だから、エレンがキムを前にして感じた戸惑いや無力感は、アメリカ国民が泥沼化した戦争の結果を目の前にしたときに感じたのと同じ気持ちにほかならない。つまりこの状況は、戦禍のベトナムでクリスがキムに抱いた悪気ない愛ゆえに生じたこと。そこから生まれたタムと、いまだにクリスを思うキムの心をどうすれば良いのか。エレンは思い悩むものの、最後はクリスにキムを取るか自分を取るかを迫ることになる。「エレンとクリス」からの一節。「キムはあなたの子どもを産んだ／悪夢のなかで　あなたが叫ぶのはあの娘の名前／わたしと結婚して二年になるけれど／あなたは過去を打ち明けてくれなかった／ためらわないで／教えて欲しい／あの娘なのか／それともわたしなのか」。

二者択一の世界。これもアメリカの例外主義ゆえの発想だ。その根底には善か悪を選ぶキリスト教的価値観がある。天国に行けなければ、地獄へ落ちるというのも同じ価値観に基づく。人はふたつの選択肢から、必ず正しい道を選び、歩まなければならない。大家族が集まりすべてを分かち合いながら生きるベトナムの伝統的価値観とは相容れない。

もっとも、故郷で家族を失ったあと、サイゴンでクリスを愛したキムには、エレンの気持ちが痛いほど良くわかる。ホテルの部屋を去るとき、キムはエレンに向かって言う。「あなたが言うように、クリスの気持ちが変わったのならば／きっと彼はタムとわたしを置き去りにするだろう」（「キムとエレン」）。

エレンの存在を知ったとき、いや、実はきっともっと以前から、キムには自らがたどる道と、タムに残すべき人生が何たるかがわかっていた。名曲「命をあげよう」から。「おまえには　わたしが得ることができなかった多くのものを残していこう／おまえが大人になったら　つかむべき世界を残していこう／おまえには　好きな人生を歩ませてあげたい／チャンスがあるかぎり　この

世にあるものなら　好きなものを選ばせてあげたい／この命に代えてでも　おまえには生きてもらいたい」。

3　銃後の妻たちと戦時の結婚狂想曲

ところで、ベトナム戦争はアメリカ軍兵士たちの私生活にどのような影響を与えたのだろうか。北ベトナムを訪問して以来、「ハノイ・ジェーン」の悪名高かったジェーン・フォンダが、戦地に派遣されたアメリカ軍人の妻の役を演じた『帰郷』（一九七八）という映画がある。フォンダの発案から、ハル・アシュビー監督（一九二九—八八）が撮った反戦色濃い作品だ。ビートルズの「ヘイ・ジュード」をはじめ、ローリング・ストーンズやジミ・ヘンドリックスの名曲の数々が聴ける映画としても知られる。また、フォンダがアカデミー主演女優賞に輝いたほか、ゴールデングローブやカンヌなどで多くの賞を得た作品でもある。

その内容はといえば、戦後間もないアメリカ社会にはショッキングなものだった。というのもフォンダ演じる軍人の妻サリーが、夫が戦地にいる間に働きはじめた退役軍人病院で、再会した高校時代の同級生ルークと愛を育むことになるからだ。ルークはベトナムで半身不随の重傷を負った帰還兵。車椅子生活を余儀なくされた男。退院するやサリーとの関係を深めるも、若い兵士のベトナム出兵を防ごうと、海軍のゲートを封鎖し逮捕される。

やがてサリーの夫ボブが足を負傷し帰国。釈放されたルークの行動を監視していた軍から、サリーとの関係を知らされる。サリーはボブとの関係を修復しようと努める。だが、戦場で被った精神的ダメージゆえだろうか、ボブは生きる気力を失い入水自殺を遂げる。なんともやるせない結末だ。

そもそも『帰郷』は、ロン・コビックの自伝『7月4日に生まれて』に触発されたフォンダが、自ら運営するプロダクションＩＰＣを通じてリリースしたもの。ＩＰＣとは、"Indochina Peace Campaign"（「インドシナ平和キャンペーン」）の略称だ。「ハノイ・ジェーン」が自ら企画した反戦映画で軍人の妻を演じ、しかも浮気をしたとなると世間の反応はよろしくないのかと思いきや、一九八〇年に退役軍人を対象にした調査では、ジョン・ウェイン（一九〇七―七九）主演の『グリーン・ベレー』（一九六八）と人気を二分した。

『グリーン・ベレー』は、反共産主義プロパガンダを支持する好戦的な映画。『帰郷』とは実に対照的な作品だった。この二作品が戦後の退役軍人の支持を分け合ったことからも、ベトナム戦争がアメリカ社会に与えた複雑な影響を理解できようというもの。反共の大義は支持しつつも、兵士たちが直面した悲惨な現実は否定しようがないというのが、退役軍人の本音だった。

だから、映画は一九七八年の売り上げで一五位に食いこむスマッシュ・ヒット。三〇〇万ドルの制作費に対し三六〇〇万ドルを売り上げた。同年の売り上げナンバーワンは、空前の大ヒットとなった『サタデーナイト・フィーバー』（一九七七）のジョン・トラボルタが、オリビア・ニュートンジョンとタッグを組んだ『グリース』で三億九六〇〇万ドル。ちなみに同年リリースでベトナムの戦場を描いたヒット作『ディア・ハンター』の売り上げは、四九〇〇万ドルだった。

ところで、映画とはいえ『帰郷』が描く世界は、決して非現実的なものではなかった。アメリカの公共放送ＰＢＳが運営するホームページには、戦時中テキサス州であった理想的なアメリカ軍人カップルの結婚と破局を描いた記事「ある家族のベトナム戦争」が掲載されている。夫婦の名前はテリーとジーン。軍隊の家系に生まれたテリーは、陸軍士官学校を出た幹部候補の若い軍人だ。一方、ジーンは地元エルパソのビューティー・クイーンに選ばれた美貌の持ち主。誰もがうらやむカップルは、一九六〇年に結婚すると三女にも恵まれた。

しかし、夫の留守が多い軍人妻という立場になれないジーンは、精神的に疲弊する。さらにテリーがベトナムへ派兵されると、その間に地元テレビ局で働きはじめ、そこで出会った男性と浮気。また、報道で伝わるベトナムの惨状を知ると、戦争の大義を疑うようになる。その後、虫の知らせか、テリーは一時帰国し家庭を修復しようと努めるが、もはやジーンの気持ちに変化はなかった。再び戦地に向かったテリーは、ベトコンの待ち伏せに遭い戦死。夫への後悔の気持ちに揺らぐも、ジーンの戦争に対する疑念は決して変わることがなかった（“One Family's Vietnam War Story”）。まるで映画のようなこの話は、似たような数ある実話のひとつに過ぎないのかもしれない。

　一方で、アメリカ政府の方針転換が生んだ、笑うに笑えぬ話もある。それはリンドン・B・ジョンソン政権時代の一九六五年のこと。それまで軍隊には、既婚者は徴兵制度から除外するという規則があった。しかし、ベトナムでの戦闘が拡大するなか、国防総省の意向を受けたジョンソンは、この措置を大統領令により撤廃する決断をする。ただし、例外規定も設けた。大統領令施行以前に結婚した既婚者への除外措置は継続するという親心だ。法令が制定されたのは八月二六日のこと。その施行は翌二七日からというスピード法案だった。

　慌てふためいたのは、結婚を間近に控えていたカップルたち。ラスベガスでは、報道で大統領令を知った多くの男女が、日付けが変わる前に婚姻届を出そうと裁判所に殺到した。なかには息子を戦場に送ることを望まない母親に急かされ、慌てて結婚届を出しにくるカップルもいた。アメリカでは、婚姻の受けつけを司法が行なう。

　もっとも、東海岸では提出された婚姻届がその場で受理される市や郡は珍しかった。大抵は婚姻許可が下りるまでに数日を要したのだ。だから、例外的に届け出と受理が一括で行なわれる自治体には、州を超えてカップルが集まった。メリーランド州エルクトンはそんな町のひとつだった。同じくメリーランド州のハイアッツビルでも即座に婚姻許可が下りた。こうした自治体では、結婚希望者のすべてをその日のうちに受けつけることができなかった。そこで深夜を越えても、前日の日付けで婚姻届を受理する粋なはからいを施した場合もあったという（Hendrix）。

　戦争が生んだなんとも喜劇的エピソードではあるが、当時の若者たちの胸中を察すれば、複雑な気持ちにならざるを得ない。

4　エレンの気持ち

　話を舞台に戻そう。第二幕後半、キムと思わぬ初対面を済ませたエレンがオリジナル版で歌ったのは「今、彼女に会った」。そこでは、「人生の雲行きがあやしくなり／世界が暗くなる／昼か夜かもわからない」と、複雑な胸中が打ち明けられた。また、「キムが感じた心の痛みがよくわかる」とキムの苦しみに思いも寄せた。とはいえ「でも」と続く歌詞からは、決してクリスを譲らないというエレンの決意が読み取れる。「キムなのか　それともわたしなのか／待ってなどいられない／決して引くわけにはいかない」。二者択一の必要を前面に出した曲からは、エレンの対決姿勢が強く感じられる。

　一方、リバイバル版では、キムの存在に悩み苦しむエレンの心の揺れがよりはっきりと表される。それには二〇一一年のオランダ公演から「今、彼女に会った」に替わり歌われるようになった一曲「メイビー」の影響が大きい。リバイバル版でも歌われるこのソロ曲で、エレンはクリスを失う不安を口にする。「助けて／わたしがおかしいのかしら／本当はもうあなたを失っているのかしら／いいえ　なにも変わってなどいない　あなたはわたしのもの／こんなこと　気にしなければいい／でも　もしあの娘があなたの前にもっと早く戻っていたら／そうしたら　きっと　あなたはわたしのものではなかった」。

募る不安の原因は、キムのクリスに対する変わることのないひたむきな愛情のせい。「あの娘はただあなたを利用しているだけなのよ」と強がってはみるものの、エレンにはキムの純粋さが良くわかる。「でも　彼女の目を見ればわかる／あなたを失えば　あの娘は死んでしまう／それにきっと　あなたもあの娘を必要としているのかしら」。

エレンの気持ちが強くはっきりしていたオリジナル版では、キムの弱い立場が当然のものとして表現され、観客もそれを受け入れていた。一九八〇年代後半のアメリカにおけるベトナム系難民の社会的立場の弱さが、そのまま舞台にも反映されていたようだ。だから、タムの未来を切り拓くがためにも、キムが死を選ぶのは、やむを得ないと見なされた。死と引き換えに、息子に与えることができる新しい人生。難民としてタムがアメリカで生きていくための交換条件だった。

しかし、二一世紀になる現在では、ベトナムから来た若い難民世代が成長し、社会的にも文化的にも重要な役割を果たすようになっている。文化・芸術の世界では、ニューヨーク現代美術館に作品を収めるディン・Q・レのような映像アーティストが現れもすれば、二〇一六年にベトナム系難民作家としてヴィエト・タン・ウェンがアメリカでは最も栄誉ある文学賞のひとつピューリッツァー賞を受賞した。ベトナム人女性の命や存在をないがしろにする作品は、もはや社会的に受け入れにくい環境になった。

そうした時代に上演を続ける以上、『ミス・サイゴン』も手直しをせずにはいかない。リバイバル版では、キムとエレンの人格の重さが等しく拮抗しているがゆえに、エレンはキムの気持ちにより深い思いを寄せる。だから、クリスと自分の結婚すら問いなおすのだ。エレンが悩み苦しむ姿は、キムの存在が真剣に扱われている証だ。

「きっと運命だったのね／突然　あの娘があなたの目の前に戻ってきたのわ／あなたの愛は本当の愛だった／わたしがあなたを知るまえのこと／あなたにとって夢の人生が／あの娘とつくる人生ならば／わたしはあなたの夢を邪魔していいのかしら／あの娘のところに戻りたいのなら／そうすればいい／わたしのことは忘れてもいい／長い間　わたしには見えていなかっただけ／でも今はわかる／きっと／そう　きっと」。

ただし、このあとに続く曲「エレンとクリス」では、クリスを前にして強気のエレンが戻ってくる。「わからないの／あの娘は今でもあなたと結婚していると思っているわ／それは違うと言わないと／あなたの口から言わないとだめ／もちろん　それが本当ならばのことだけど」。これにはクリスも慌てて返す。「エレン　僕を疑わないでおくれ／僕たちは結婚してるんだ／多くの帰還兵が人生を失うなかで／僕には君がいた」。

さすがに時代に合わせたリメイクが必要だとはいっても、大きな筋立てまでは変えられない。舞台を演じる上で、この揺り戻しは当然のことだろう。舞台がロングランになったがゆえに生じた課題。それが原因で、舞台の内容がいくらかでも修正されているということは、文化・芸術といえども社会の変化を無視できない証拠といえる。

実際、ベトナム系二世の女優ジャッキー・グエンがキム役を演じる二〇一九年のカリフォルニア公演では、ベトナム系の役者が協力してベトナム語の発音や、ベトナムの人々のボディ・ランゲージの正確な指導を舞台裏で行なったという（Moore par. 27）。「今日の状況では、正当性が何よりも重要なのです」と語るのは、グエンとともに仲間の舞台指導にあたった俳優マシュー・オバーバーグだ（"'Miss Saigon,'" 0:35-0:40）。グエンも言う。「わたしたちは、家族を代表しているだけではないのです。ベトナム文化全体を代表して、ステージに立っているのです」（1:04-1:10）。

多文化主義的環境のなかで、よりリアリティを感じさせるプロダクションに舞台を仕上げるには、プロデューサーや監督だけではなく、それを演じる役者の裁量も重要なのである。

第9章　キャスティングをめぐる夢と幻滅、そして現実
――アメリカン・ドリーム

1　名優ジョナサン・プライス、エンジニアを演ず

『レ・ミゼラブル』のあまりに劇的な成功の余波のせいだろうか。ブーブリルが『ミス・サイゴン』の構想を練りはじめたとき、登場人物の名前に挙がったのは『レ・ミゼラブル』の関係者たちの実名ばかりだった。クリスには舞台監督だったトレバー・ナンの名前を借りてトレバー。クリスの妻エレンにはトレバーの妻からシャロン。クリスの親友ジョンは、トレバーとともに舞台指揮にあたったジョン・ケアードからといった具合。

もっとも、これにはアメリカ人の友人から早速注文が入った。アメリカではトレバーという名前は聞いたことがない。仮にいたところで、南部出身の海兵隊員につける名前ではないと。すぐ

さまブーブリルはトレバーをクリスに、シャロンをエレンにした（Behr and Styen 32）。

ジョンについては名前こそ変えなかったものの、舞台で演じる役柄を大きく変えた。この律儀で頼りがいのあるクリスの友人に当初与えられたのは、戦場で不都合な真実を暴きだすジャーナリスト役。「アメリカにいるボスときたら　まだこの戦争に勝てると思ってるんだ／俺の取材はちっとも記事にしようとしない」（31）。

構想段階の原稿で、ジョンがこの台詞を向けた相手はエンジニアことトラン・ヴァン・ディン。サイゴンのナイトクラブ「ドリームランド」を切り盛りする怪しげな男。日本版パンフレットでも、海外パンフレットでも、エンジニアとだけ紹介されているので、本名を知る人は少ないかもしれない。舞台でその名が使われるのは二度かぎり。再教育キャンプから解放されたエンジニアがトゥイと対面するときと、タムの叔父になりすましバンコクへ脱越を試みるときだ。一方、ブーブリルによれば、エンジニアという呼称は、タイに住むフランス人冒険家に与えられた愛称からきているという（27）。

舞台では、キムやクリス以上の存在感を発揮するエンジニアだが、『蝶々夫人』のゴローと同じ東西文化のつなぎ役。『ミス・サイゴン』では決して欠かすことのできない役回りだ。「エンジニアは舞台のエンジンなのです。この作品になくてはならない存在でした。舞台では、抜きん出て目立つキャラクターが必ずいます。脚本を書き終えたときのことです。エンジニアが特別な存在になると気づいたのは」。作曲を担当したシェーンベルクのコメントだ(31)。

ところで、エンジニアが運営するナイトクラブ「ドリームランド」は、戦時中サイゴンにあった実在のクラブ名から取られた。『ミス・サイゴン』の構想を練るにあたり、ブーブリルが読んだジョン・ピルガー原作『英雄たち』(一九八六)というノンフィクション作品に、当時のサイゴンのことやこの店のことが詳しく紹介されている。

「ドリームランド」は、サイゴンで元アメリカ軍人ランディが経営していた小さなバーだ。なんとも貧相な外観だったが、一歩店内に入ればアメリカ中西部の街道沿いにある店となんら変わりなく、ジュークボックスから鳴り響くロック音楽が売りだった。もちろん働くのはベトナムの女性たち。当時のサイゴンでは、「丸い目をした白人さんはお金の木」と思われていた。金銭と引き換えに「現地妻」を演じる女性も多かった。事実、ランディの妻もベトナム人女性で、店のホステスたちのお目付役でもあった。そんなこんなで、金まみれの地下生活を楽しんでいたランディ。「できるだけ早くここから逃げ出したい」とうそぶいていた(Pilger 174-75)。

エンジニアに話を戻せば、シェーンベルクが「特別な存在」になると予感したこの役を演じたのは、イギリスの名優ジョナサン・プライス。演技力ではかねてから定評があったプライスだが、彼の歌唱力を知るものはあまりいなかった。そのせいかキャスティング会議では、演出家を任された二コラス・ハイトナーがぼやいた。「ジョナサン・プライスみたいな人間が必要なんだ。歌うことさえできればね」。実のところオーディションのスケジュールが合わず実現しなかったそうだが、プライスは『オペラ座の怪人』で主役の名に挙がったほどの歌唱力の持ち主。別の舞台での活躍を、ブーブリルはしっかり見ていた（Behr and Styen 145）。

こうして初代エンジニア役をいち早く射止めたプライス。ロンドンにある王立演劇学校で学ぶと、リバープールの劇団に所属し頭角を現した。一九七七年にトレバー・グリフィスの戯曲『コメディアン』でトニー賞を受賞。一九七八年には『じゃじゃ馬ならし』で、ロイヤル・シェイクスピア劇団の舞台を踏んだ。そして、一九八〇年、ロイヤル・コート劇場の舞台『ハムレット』で主役に抜擢されると、イギリスでは最も権威があるとされるオリビエ賞最優秀男優賞を受賞する。その後も、演劇のみならず映画・テレビの世界で活躍を続けていた矢先、『ミス・サイゴン』の出演が決まった。その知らせはイギリスのメディアで早々に伝えられるほどだった。話題性も抜群の配役だった。

実績と名声を考えれば、当然ともいえるプライスの起用は、ロンドンでは大喝采で迎えられた。彼の舞台に期待した多くのファンが、前売りに殺到したともいわれる。実際、プライスの演じるエンジニアは秀逸だった。独特の身のこなしに、色気たっぷりの歌唱力。ステージを観れば、誰もが彼こそエンジニアのはまり役だと思ったことだろう。プライスはこの役で二度目のオリビエ賞を受賞。キムを演じたレア・サロンガの舞台評価も素晴らしく、そろってこの賞に輝いた。

このように『ミス・サイゴン』は、ロンドンで上々の滑り出しを見せた。しかし、ニューヨーク公演を前に思わぬ困難に直面することになる。その大騒動は、舞台が開幕する半年以上前にはじまった。しかも、その騒ぎの中心に置かれたのが、プライスだった。

2　火がついたブロードウェイ

事の発端は、エンジニアをはじめとする舞台の配役にあった。ロンドンですんなり受け入れられたプライスやサロンガが、エクイティと呼ばれるアメリカの舞台俳優組合の強い反対に遭ったのだ。とくに問題視されたのはエンジニアを演じるプライスだった。白人俳優のプライスが、色つきのコンタクトレンズを入れ、目をつり上げ、さらには肌を黄色く化粧してフランス人とアジア人の混血を演じることが批判された。いわゆるイエローフェイスだ。

かつて奴隷制の時代、舞台に上がることを許されなかった黒人に成り代わり、白人俳優が顔に靴墨を塗って滑稽な黒人役を演じたのがブラックフェイス。一九世紀に人気を博したミンストレル・ショーの一幕だ。ただし、二〇世紀になるとステレオタイプ化された黒人像に批判が集まり、同時に黒人が舞台に上がる機会も増えたことから、次第にミンストレルは舞台から消えていった。

イエローフェイスは、ブラックフェイス同様、白人俳優がアジア系のキャラクターを演じるために施す舞台化粧を指す。初期ハリウッド映画やブロードウェイの舞台で、演じることができたアジア系の役者はごく少数。日系俳優のセスエ・ハヤカワ（一八八六―一九七三）や中国系のアンナ・メイ・ウォン（一九〇五―六一）ら同じ顔が出演するせいか、役のイメージも似たりよったりだった。そんなことから、白人がアジア系登場人物を演じはじめたのがイエローフェイスのきっかけ。メアリー・ピックフォード（一八九二―一九七九）が蝶々夫人を演じた一九一五年のサイレント映画は、その初期の例だ。

ブラックフェイスが批判を受けた時代に、イエローフェイスが出てくるのはなんとも不可思議ではあった。しかし、第二次世界大戦後にもイエローフェイスの白人役者はあちこちに姿を見せる。オードリー・ヘプバーン（一九二九―九三）主演でお馴染みの一九六一年の映画『ティファニーで朝食を』で、日系人役のミスター・ユニオシを演じたミッキー・ルーニー（一九二〇―二〇一四）はその典型。近年では二〇一七年、士郎正宗原作の漫画『攻殻機動隊』（『ゴースト・イン・ザ・シェル』）が実写映画になった際に、スカーレット・ヨハンソンが主役の草薙素子を演じ、イエローフェイス批判を浴びた。

歴史を振り返れば、イエローフェイスによる不自然な化粧と、ステレオタイプ化されたアジア系のイメージが批判を受けるようになるのは一九六〇年代のこと。公民権運動の余波から、アジア系の若者が中心となって起きたアジア系アメリカ運動の影響が大きい。一九六〇年代後半から一九七〇年代前半にかけて、ニューヨークやロサンゼルスといった東西の大都市で展開されたアジア系アメリカ運動は、アジア系やアジア人への偏見と差別の是正を求めた社会・政治活動だ。文化・芸術への影響も多大で、アジア系アメリカ人を主人公にする演劇作品や、それを演じるアジア系俳優が登場しはじめたのもこの頃だった。

エンジニアの配役に話を戻せば、イギリス公演に続くプライスの起用に批判が挙がったのは、こうした時代背景からだった。その抗議活動の先頭に立ったのが、サンフランシスコ出身の中国系劇作家デヴィッド・ヘンリー・ホァングと中国系俳優B・D・ウォンのふたりだった。ホァングは『蝶々夫人』をアジア系の立場から読みなおし、白人社会のアジア幻想を痛烈に批判した舞台『M・バタフライ』（一九八八）を書いたアジア系を代表する劇作家。ウォンはその『M・バタフライ』で、バタフライ役のソン・リリンを演じトニー賞を受賞した名優だ。一九九〇年七月、プライスがイエローフェイスのエンジニア役としてニューヨークに来ることを知ると、ふたりはこれを厳しく批判した。そして、エクイティのメンバーに働きかけたことから、抗議の輪は一気に広がった。

その結果、アジア系俳優らが中心となり、舞台上の人種的平等を求める連合が組織された。彼らはエクイティ会長のコリーン・デュハースト（一九二四－九一）と事務局長アラン・アイゼンバーグに直訴。プライスへのアメリカ入国ビザ発給の停止を求めた。アメリカでは、俳優組合が外国人俳優へのビザ発給権をもつ。国内俳優の雇用を守るための保護政策だ。デュハーストに宛てた手紙で、ウォンはこう記した。「もしアジア系の役者が『ミス・サイゴン』でアジア人の役を演じる機会を奪われれば、取り返しのつかない権利侵害が犯されることになります。これを前例に、将来同じことが繰り返されないともかぎりません」（Witchel）。

この訴えに応戦したのが、ニューヨーク公演で『ミス・サイゴン』のキャスティングを担当していたヴィンセント・リフ（一九五〇―二〇〇三）だった。二〇〇三年に五二歳という短い生涯を閉じたリフは、ブロードウェイでは外国人俳優やマイノリティの役者を積極的に登用したことで知られるアメリカ人ディレクターだ（"Remembering Vincent Liff"）。

アメリカの内情に詳しいリフは、ブロードウェイにはエンジニア役を演じるに相応しいアジア系俳優がいないことを実名を挙げて説明。さらに、ニューヨークや西海岸で大々的に行なわれたオーディションでも、適当なアジア系俳優が見つからなかったとエクイティ側に告げた。実のところ、オーディションはキム役を探すのが主たる目的だった。プライスに確定していたエンジニア役については、真剣な審査は行なわれていなかった。

だから、リフの不用意な発言は火に油を注ぐことになった。彼の説明が詳しく報道されたことで、騒ぎはむしろ拡大。アジア系俳優らは、ニューヨーク市長デイヴィッド・ディンキンズに訴えた。「これはイエローフェイスだけの問題ではありません。エンジニア役のオーディションなど誰ひとりとして受けていないのです。それでも主催者側は、オーディションがあったと主張しています。そして、わたしたちアジア系の役者では実力足らずだと言うのです」。見かねた市長はデュハーストに、マイノリティ俳優への配慮を求める手紙を出した。もっとも、芸術表現の自由を支持することは忘れなかったが（Zia 122-23）。

早速『ニューヨーク・タイムズ』紙は、イギリスのアジア系コミュニティが好意的に受け入れた舞台を、アメリカのアジア系俳優が問題視することを取り上げた。英米の舞台俳優組合には、それぞれのプロダクションで選ばれた役者を、互いに舞台に上がらせる機会を保証する取り決めがあることを指摘。また、人種が異なる役柄を演じることを禁じる規則など存在しないことにも触れ、アメリカ側の過剰な反応を批判した。「アメリカ演劇で人種テストが行なわれれば、モーガン・フリーマンがセントラルパークで『じゃじゃ馬ならし』に出演することもなかっただろう」（"Acting Silly"）。その夏ニューヨークでは、黒人俳優のフリーマンが、シェイクスピアが描くイタリアの伊達男ペトルーチオを演じて好評を博していた。

『ミス・サイゴン』側も、一歩も引かなかった。マッキントッシュは、アジア系俳優の抗議に対し、エクイティを牽制。仮にプライスが舞台から引きずり降ろされるようなことがあれば、公演そのものをキャンセルするとまで言い切った。すでにアメリカでは舞台の前売りがはじまっており、ブロードウェイ史上最高の二五〇〇万ドルを売り上げていたにもかかわらず。

それでもアジア系俳優たちの怒りは収まらず、ついにエクイティは代議員による審議・投票を経て、プライスのビザ発給を停止する決定を下した。八月七日のことだ。エクイティ事務局長のアイゼンバーグは記者会見で、組合のコメントを読み上げた。「長時間におよぶ、熱のこもった議論が続いた結果、組合は白人俳優がアジア系混血の役を演ずることを認めないという結論に達した。白人俳優がアジア風に化粧をして舞台に立つことは、アジア系コミュニティへの侮辱である」(Rothstein, "Union Bars")。また、エクイティ会長デュハーストが、『ミス・サイゴン』を現代の「ミンストレル」と非難したという報道もあった(Rich)。

しかし、その翌日『ミス・サイゴン』公演中止の決定が下されると、様相は一変した。エクイティの目論みはこうだった。おそらくプライスのビザ発給停止を受けて、マッキントッシュは第三者機関に仲裁を求めるだろう。仲裁では、英米組合間の取り決めがある以上、アメリカ側が負ける可能性が高い。それでも一度は強く抗議したことで、アジア系俳優の面目を保つことができる。また、マッキントッシュもその後の運営を考えて、なんらかの妥協をするに違いない。

マッキントッシュの考えは違った。仲裁を求めれば勝つだろう。しかし、それではアジア系の抗議をさらに激化させ、ショーの成功はもちろんのこと、開催すら危ぶまれることになる。さらには、制作チームがかかわる他のショー、たとえば『レ・ミゼラブル』などの興業にも悪影響を及ぼす可能性が高い。ならば、舞台は取り下げるべきだと。

また、マッキントッシュは何よりも、キャスティングの自由を求めていた。最高の舞台を観衆に届けるためにも、制作側が俳優の顔色を窺うことなどありえない。彼にとって、これはビジネスではなく、芸術の自律性をめぐる問題だった。

だから、マッキントッシュは間髪を入れずに公演の中止を決めた。そして、八月九日付の『ニューヨーク・タイムズ』紙に、『ミス・サイゴン』の中止決定を伝える広告を掲載した。彼にしてみればやむを得ない決断だった。一方、エクイティをはじめ抗議活動を展開していたアジア系俳優にしてみれば、想定外の成り行きになった。五〇人の舞台メンバーのうち三〇名以上がマイノリティの役者で占めるはずだった人気の舞台が、一瞬にして消え去ったのだから。

3　マッキントッシュの賭け

公演中止の決定を受け、マッキントッシュのコメントも同時に報道された。「このプロダクションを作るにあたり、わたしたちが下した芸術的な判断が繰り返し俳優組合から非難を受けてきました。ですから、公演中止の決定は最終的なものです」。さらに、「プライスが白人だというだけの理由で犯罪者扱いするなんて、組合は基本的人権を侵害しているに過ぎない」と、人種差別批判には人権侵害批判で応酬した。ただ、含みは残した。「いつの日か理性的な判断が下されることになれば、『ミス・サイゴン』のアメリカ上演は実現されるでしょう」。

プライスの心境はさらに複雑だった。「俳優組合の決定は、わたしの役者としての資質や資格をまったく無視したものです。わたしとしては、傷つきもすれば、腹も立ちます。人種差別主義者扱いされたも同然なのですから」。

さらにエンジニア役については、こう主張した。「エンジニアを演じることに何ら疑いも、後悔も感じたことはありません。重要なのは、どんな役でもそれに一番相応しい役者が演じるということです。わたしにはこの役を演じる資格があると思っています。エンジニアはアジア人とヨーロッパ人の混血なのですから、どちらかであれば良いわけです。わたしはヨーロッパ人の側から演じているだけです」。

また、一連の騒動のきっかけを作った劇作家ホァングは、次のような声明を発表した。「ショーのキャンセルは、意図した結果ではありません。ただ、わたしたちアジア系の立場を明確に示したかっただけなのです。この目的は確かに達成されました」。

一方、怒りが収まらないのは『ミス・サイゴン』の上演が決まっていたブロードウェイ劇場のバーナード・ジェイコブスだ。「俳優組合の行動は、不適切であり、不法であり、明らかな協定違反に相当します。政治的な理由で、俳優を舞台から引きずり降ろすことはできないはずです」。これが前例になることを恐れてか、他の劇場関係者からも不満の声が上がった。『キャッツ』の上演で知られるネダーランダー劇場のアーサー・ルービンは「組合が一〇〇%悪い」と発言し、ユージャムシン劇場のロッコ・ランデスマンは「どう見てもこの決定は馬鹿げている」とエクイティを批判した（Rothstein, "Producer Cancels"）。

メディアもエクイティの決定を疑問視した。『ニューヨーク・タイムズ』紙は、プライスの演じるエンジニアを高く評価。いまやアメリカ演劇界は、「芸術的表現の自由が脅かされる」事態に直面していると憂慮した（Rich）。多くの批評家や、エクイティの主要メンバーからもマッキントッシュを支持する声が上がった。

こうした状況から公演中止が決まった数日後には、エクイティに所属する一五〇名もの役者から、組合決定の再考を求める嘆願書が提出された。そして、問題は再度議論されることになった。そもそも最初の審議に参加したのは、七九人の代議員の過半数をやっと超える四〇名強。また、投票の結果もきわめて拮抗したものだったと伝えられた。舞台中止の知らせを受けた多くの組合員の動揺ぶりが伝わってくる審議のやりなおしだった。

ただし、この間もアジア系役者たちの態度は揺るがなかった。人気テレビ番組『スタートレック』で主任パイロットのヒカリ・スールーを演じた日系二世のジョージ・タケイらが中心となり、西海岸にも『ミス・サイゴン』批判が飛び火したほどである。ニューヨークでは、アジア系コミュニティのジャーナリストらが役者たちの声を聞くイベントを開催。メディアを前に多くの意見が交わされた。そのほとんどがアジア系俳優への支援の呼びかけだった。

　そして、迎えた再投票の八月一六日。マッキントッシュから人権侵害と厳しく糾弾された組合は、すっかり浮き足だっていた。プライスへのビザ発給を停止する前回の決定はあっさり覆った。同時に、エクイティはアジア系役者の不満を抑えようと、歴史的にアジア系が舞台から排除されてきたことを非難する声明を発表。少しでも多くの役柄をアジア系が演じる機会を確保すべきとの見解を明らかにした。

　ただ、一度は明確に『ミス・サイゴン』の公演中止を決めたマッキントッシュを動かすには、これでは不充分だった。組合の再決定を受けて、『ミス・サイゴン』の制作チームはミーティングを重ね、エクイティに対しキャスティングの自由を求める声明を出した。「今回の問題で最も重要な点は、制作チームや舞台チームの芸術的意図が疑問に付されたということです。人種や民族的背景にかかわらず、最も相応しい俳優に役を与えるという権利が脅かされたということです」。

　そして、エンジニアの配役については、こう述べた。「エンジニア役は、人種を問わず相応しい力をもった役者が演じるべきというのが、わたしたちの変わらない考え方です。『ミス・サイゴン』の成功のためならば、エンジニアにアジア系の役者を当てることになんら迷いはありません。もしそれが黒人俳優だとしても、ヒスパニック系や白人、それにアメリカ先住民の俳優だとしても、エンジニアを演じるに足る能力と経験とカリスマ性さえあれば、まったく同じことです」。

加えて、演劇界におけるアジア系差別の歴史を振り返るきっかけを作ってくれたと、ホァングとウォンへの配慮も忘れなかった。アジア系役者との関係修復が舞台の成功に欠かせない要素であることを、マッキントッシュは充分承知していた。「エクイティ、ならびにアジア系コミュニティとともに、新しいタレントの発掘に努める必要があることは明らかです。わたしたちとしては、アジア系俳優のボイス・トレーニングなどを積極的に支援していく用意があります」(Rothstein, "Producer Dmands")。

一方メディアは、エクイティがマッキントッシュに主役級のアジア系役者を国外から連れてくる権限を与えたと報じた。ロンドンでキムを演じたレア・サロンガとモニク・ウィルソンに配慮したのだろうか。ただ、ウィルソンは結局ニューヨークでの舞台には上がらなかった。また、サロンガの出演もすんなりとは決まらなかった。よって、この報道の信憑性については計りかねる。ただ、こうした噂がアジア系役者たちの機嫌をさらに損ねたことは想像に難くない。

実際、アジア系役者たちは抗議のために街頭に立ち続けた。加えて、ラリー・クレイマーらニューヨークの演劇界で活躍する白人劇作家や俳優らも、プライスへの配慮が正当性を欠くとする投書を『ニューヨーク・タイムズ』紙に送った。「ジョナサン・プライスほどの優れた才能をもつ役者が、人種を理由に役に就けない可能性はごく僅かなものです。一方、非＝白人役者は人種的背景を理由に、役を得られない危険性と隣り合わせに生きています。だから、プライスへの特別な配慮は必要ないのです」(Bartlett et al)。

ともあれ、『ミス・サイゴン』は再度ブロードウェイの舞台で演じられることになる。九月一八日、マッキントッシュは正式に『ミス・サイゴン』を当初の予定通り翌年の三月からニューヨークで上演することをアナウンスする。もちろん、エンジニアはプライスが演じることでけりがついた。

これを受けて、一〇月にはオーディションがニューヨークとロサンゼルスでスタート。アジア系を中心とする舞台俳優が多く集まり、実力を競いあった。アジア系俳優の一部が抗議を続けるなか、『ミス・サイゴン』は上演に向けて軌道に乗り出したかのように見えた。

4　アメリカン・ドリームは続く

後にリバイバル公演でエンジニア役に抜擢されたフィリピン出身の俳優ジョン・ジョン・ブリオネス。ウェストエンドの初演ではコーラスとして舞台に上がっていた。そのブリオネスが、プライスをめぐる一連の騒動のことを語っている。「フィリピン人のわたしたちにしてみれば、ハリウッド映画を観ていてイエローフェイスがあったとしても、とくに気になることはありませんでした。眼鏡姿のミッキー・ルーニーを見ても、『どこにアジア人がいるんだ？』といった調子です。どのみち自分たちが欧米作品を舞台でやるときには、全部フィリピン人が演じていたのですから」（Gordon par. 8）。

おそらくこの感覚は日本でも同じだろう。一九九二年の初演以来、日本版『ミス・サイゴン』は一部のアジア系役者を除いて、クリスだろうがジョンだろうが、もちろんエンジニアも日本の俳優が演じてきたのだから。奴隷制にはじまる人種差別の負の歴史があるからこそ、また多くの人種・民族グループが混在して暮らす多人種社会のアメリカだからこそ起きたのが、エンジニアの配役騒動だったといえる。

ともあれその騒ぎが収束し、プライスがエンジニアを演じることになったあとにも、新たな問題が起きた。アメリカには固有の例外主義があったことを思い出して欲しい。アメリカ国民のみが神に選ばれし特別な存在だという選民思想のことだ。それはベトナム戦争に代表される覇権主義として具現化することもあれば、第四五代大統領ドナルド・トランプが国民に広く訴えるアメリカ第一主義のような保護政策として具体化するときもある。

歴史を振り返れば、このアメリカ的感覚が歴史の節目で幾度となく頭をもたげては、対外的な摩擦を引き起こしてきた。古くは増えすぎた中国系移民の入国を規制した一八八二年の中国人排斥法や、日系移民をターゲットにしたといわれる一九二四年の移民法、通称排日移民法がそれにあたる。国内労働者の雇用を守るために、アメリカ政府が発動した移民の入国を規制する排他主義的政策だ。そのアメリカ的排他主義が、ミュージカルの配役にも行使されようとした。それがキム役のレア・サロンガをめぐり起きた新たな騒動だった。

『ミス・サイゴン』のニューヨーク公演が再度スケジュールにのった一〇月以降、全米各地でオーディションを繰り返してきた制作チーム。キム役もその対象に含まれていた。しかし、審査を受けた一二〇〇人ものアジア系女優には、サロンガに匹敵するパフォーマンスをもつ者はいなかった。そこで、ロンドンで高い評価を受けたサロンガの起用を改めて決定。マッキントッシュはエクイティに、サロンガへのビザ発給を求めた。一二月四日のことだ。

しかし、エクイティはサロンガの出演を拒否した。マッキントッシュはエクイティに再考を促すが、結論は変わらない。そこで、今度は仲裁を求めることに。法律を専門とするニューヨーク大学教授ダニエル・コリンズ（一九三〇―二〇〇二）がその役目を引き受けた。その結果、年明けの一月七日、サロンガの出演を認める裁定が下された。サロンガの歌唱力が高く評価され、彼女に代わる存在がいないことが認められた結果だった。国内俳優の雇用を守ろうとする組合の対応に、終始翻弄されたマッキントッシュだったが、最後はこの裁定に救われた。

実は、マッキントッシュには、以前にも仲裁手続きを踏んだ経験があった。一九八七年、翌年公開の『オペラ座の怪人』に、ロンドンで主役クリスティーヌを演じたサラ・ブライトマンを起用したところ、エクイティがストップをかけたのだ。その際には、ブライトマンの出演と引き換えに、ロンドンで行なわれる別の舞台にアメリカ人俳優を出演させることで問題は解決した。スター級の役者ですら簡単に舞台に上がれないのが、一見きらびやかなブロードウェイの現実だ。

一方、『ミス・サイゴン』の配役をめぐるゴタゴタの真相は、イギリス発のミュージカル・ブームに危機感を抱いたニューヨークの演劇関係者が、マッキントッシュに仕掛けた罠だったと主張する批評家もいる（Behr and Steyn 185-86）。これが単なる陰謀説なのか、それともアメリカ的排他主義の暴走なのか。それればかりは定かでない。一方、サロンガの起用が決まって間もなく、マッキントッシュは香港出身のアジア系アメリカ人女優カム・チェンをふたり目のキムとして抜擢することにした。制作チームの取り得る最大限の「妥協」だった（Gehman par. 20）。

ともあれ紆余曲折を経て、ようやく三月に幕を開けた『ミス・サイゴン』。開幕前から大きな注目を集めた結果、ブロードウェイ史上初となる一〇〇ドルを超える入場料にもかかわらず、前売り券の売り上げは三〇〇〇万ドルをはるかに超えた。舞台がはじまると、アメリカのメディアはこれを絶賛。『ニューヨーク・ポスト』紙は、マッキントッシュの配役が「正しかったことが証明」されたと報じた（Weatherby）。辛い思いをしてきたプライスとサロンガは、一九九一年揃ってのトニー賞受賞となった。

ただ、トニー賞を受けると、プライスは早々に舞台を降りた。もともとマッキントッシュとプライスの間には九ヶ月の舞台出演という約束があったようだが、正確な降板理由はわからない。そして、エンジニア役の後釜には、アジア系俳優が就くことになった。プライスの起用に抗議行動を起こしたアジア系役者の願いが叶ったということか。ウォンは「闘いには負けたかもしれないが、戦争には勝った」と、その思いを表したという(Zia 129)。

ただ、アジア系の役者が置かれた境遇が、その後も恵まれないことに変わりはない。ある調査によれば、二〇一六年から二〇一七年にかけてニューヨーク演劇界でアジア系役者が占める割合は七%程度。二〇一九年のアメリカ・ツアー公演でキム役を務めたジャッキー・グエンが言うように、今でもアジア系俳優の出演機会は「とても少ない」のが実情だ(Hebert par. 33)。

また、プライス騒動の陰で表立って取り上げられる機会は少なかったものの、『ミス・サイゴン』では人種偏見に加え、性的対象として扱われるアジア人女性の描かれ方に批判があったことも事実だ。アジア系役者にとっては、数少ない出演機会を提供する有名プロダクションだけに、気持ちも複雑だったろう。目の前の出演機会を捉え、アジア系の存在をアピールすれば、いずれアジアやアジア系の現実を大きな舞台で表現することができるかもしれない。

ただ、それは違うと抗議の姿勢を示したアジア系の人々も少なくない。開幕初日には劇場前に活動家が集まり、『ミス・サイゴン』の人種的偏見と性差別を批判するデモがあった。アジア系にとってアメリカン・ドリームの実現は、そう容易いものではない。

きっとそのことは、プライス演じるエンジニアが一番良くわかっていただろう。『ミス・サイゴン』終盤のハイライト「アメリカン・ドリーム」。アメリカ往年の名車キャディラックを舞台に上げ、金髪の美女とともにエンジニアが皮肉たっぷりに歌う名曲。サイゴンが陥落しようが、再教育キャンプに入れられようが、「心のなかのアンクル・サム」を失わなかった男が最後に夢を語る瞬間。「空気に香る／アメリカン・ドリーム／億万長者のように甘い／アメリカン・ドリーム／さっさとお買いよ／アメリカン・ドリーム」。「さあ、みんなで楽しもう／アメリカン・ドリーム／欲しいものを言えば　さあ　すぐそこに／アメリカン・ドリーム／好きなだけもってけよ／アメリカン・ドリーム」。

あまりに堂々とした歌いっぷりに、主役の座をキムから奪い取るかのようなプライスの演技力。その名の通りのエンジニア。舞台の操作役。彼なくしてはストーリーは進まない。だからこそ知るアメリカン・ドリームの作り出す幻想の世界。アメリカ行きの切符は、キムの自殺を暗示するかのように雲散霧消してしまうのだから。「おい　俺の金はどこにいっちまったんだ？／みんなどこに行くんだ？／戻ってこいよ！」

増補

はにかむプライスとサロンガの笑顔
――第四五回トニー賞授賞式ハイライト

1　エミー、グラミー、オスカー、そしてトニー

ＥＧＯＴ。アメリカのエンターテインメント業界を代表する四つの賞エミー（Emmy）、グラミー（Grammy）、オスカー（Oscar）、トニー（Tony）を指す通称だ。優れたテレビ番組に与えられるのがエミー賞。グラミー賞は、ザ・レコーディング・アカデミーが主催する優れた音楽作品への賞。オスカーの愛称で親しまれることが多いアカデミー賞は、映画芸術アカデミーが優れた俳優やスタッフを表彰する映画界最高の栄誉だ。そして、ブロードウェイで上演される演劇・ミュージカル作品を対象にするトニー賞は、アメリカ演劇界最高峰の栄誉。アメリカン・シアター・ウイングと全米劇場プロデューサー連盟が合同で主催し、正式にはアントワネット・ペリー賞という。

これら四つの賞を総ナメにすればグランドスラム。映画『王様と私』（一九五六）や『サウンド・オブ・ミュージック』（一九六五）で音楽を担当した作曲家リチャード・ロジャース（一九〇二―

七九）をはじめ、『ローマの休日』（一九五三）で一躍世界中の映画ファンを魅了した俳優オードリー・ヘプバーンら、その偉業を達成したのはこれまでわずか一六人。ミュージカル界では、『ジーザス・クライスト・スーパースター』や『エビータ』等の作品で知られる作曲家アンドリュー・ロイド＝ウェーバーと作詞家ティム・ライスがグランドスラマーの栄誉に輝いている。

もっともこうした天才たちの存在を別にすれば、ＥＧＯＴのどれかひとつを取るだけも充分に名誉なこと。また、多くのエンタメ作品にとって、これらの賞にノミネートされれば、傑出した作品と見なされた証となる。だからこそそれぞれの授賞式は華やかで、多くの俳優やスタッフが集まる会場は熱気に包まれる。『ミス・サイゴン』関係者にとっては、一九九一年六月二日、ブロードウェイの一角を占めるミンスコフ劇場で開かれた第四五回トニー賞授賞式が、まさにそんな場になった。

2　第四五回トニー賞授賞式

アメリカ三大ネットワークのひとつＣＢＳテレビが放映する第四五回トニー賞授賞式。司会を務めるのは、イギリス出身のふたりの俳優ジュリー・アンドリュースとジェレミー・アイアンズだ。アンドリュースはブロードウェイで『マイ・フェア・レディ』（一九五六）の主役イライザ・ドゥーリトルやアーサー王伝説を描く『キャメロット』（一九六〇）で王妃グィネヴィアを演じた名優。映画『メリー・ポピンズ』（一九六四）でアカデミー主演女優賞に輝き、グラミー賞、エミー賞もそれぞれ受賞している。一方、ロイヤル・シェイクスピア・カンパニーの一員として活躍した過去をもつアイアンズは、チェコ出身のユダヤ系イギリス人劇作家トム・ストッパードの作品『リアル・シング』（一九八二）でトニー賞最優秀男優賞に選ばれた。

さらに、個々の賞を発表するプレゼンターにも有名どころが並ぶ。マリリン・モンロー（一九二六―六二）が主演した映画『紳士は金髪がお好き』（一九五三）のミュージカル版（一九四九）で主役を務めたキャロル・チャニング（一九二一―二〇一九）や、アフリカ系アメリカ人として初めてEGOTを総ナメにしたウーピー・ゴールドバーグ、スパイク・リー監督の映画『モ・ベター・ブルース』（一九九〇）で当時売り出し中だったデンゼル・ワシントンに加えオードリー・ヘプバーンやシャーリー・マクレーンら往年のスターが登場。その場を盛り上げた。

そして、肝心のノミネート作品ミュージカル作品部門には『ミス・サイゴン』を筆頭に、『アイランド』（一九九〇）、『秘密の花園』（一九八九）、『ウィル・ロジャース・フォーリーズ』（一九九一）が並んだ。

簡単にこれらの作品を紹介すれば、『アイランド』は後にレア・サロンガも主演を務めた人気ミュージカルで、一九九〇年にマンハッタン場末の小劇場、いわゆるオフ・ブロードウェイで上演されて注目を集めた一幕ものの恋愛ストーリー。トリニダード・トバゴ出身でニューヨーク育ちの小説家ローザ・ガイ（一九二二―二〇一二）による『マイ・ラブ、マイ・ラブ！――ある貧しい娘の恋物語』（一九八五）を原作に、身分の異なる若いふたりの恋愛から、愛がもつ不思議な力を描いた作品だ。

『秘密の花園』は、ご存じフランシス・ホジソン・バーネット（一八四九―一九二四）が描いた名作小説（一九一一）のミュージカル版。一九八九年ヴァージニア州ノーフォークで初演後、一九九一年にブロードウェイに進出。主人公メアリー・レノックスを演じる子役デイジー・イーガンの熱演ぶりが注目を集めていた。そして、『ウィル・ロジャース・フォーリーズ』は、一九九一年にブロードウェイではじまったコメディータッチの作品で、一八七九年生まれの喜劇俳優ウィル・ロジャース（一八七九―一九三五）の生涯を描く。

授賞式はまず、その年ブロードウェイで上演中の作品を紹介する「ブロードウェイ・テイク・ア・バウ」で開幕。『キャッツ』、『屋根の上のバイオリン弾き』（一九六四）、『レ・ミゼラブル』、『オペラ座の怪人』といった作品の映像が流れたあと、トニー賞候補作から『ウィル・ロジャース・フォーリーズ』のミニショーが舞台を盛り上げる。今年の賞の行方に人々の期待が高まる瞬間だ。演劇を含むノミネート作品の紹介は、この後各部門の授賞式の合間を縫って順次行なわれる。

3　ジョナサン・プライス、心の葛藤をさらけ出す

授賞式最初の発表は、ミュージカル部門最優秀助演男優賞だ。栄えあるEGOT俳優のひとりオードリー・ヘプバーンが登壇すると、四人の候補者を紹介する。『悲しき天使』（一九九〇）からブルース・アドラー（一九四四―二〇〇八）、ジョージ・ガシュイン（一八九八―一九三七）の音楽で有名な『オー・ケイ』（一九二六）のグレッグ・バージ（一九五七―九八）、『ミス・サイゴン』でクリス役を務めたウィリー・フォーク。そしてクリスの親友ジョン役のヒントン・バトル。

恥ずかしげに老眼鏡を手にしたヘプバーンが読み上げた受賞者の名前はヒントン・バトル。ウィリー・フォークを抑えての受賞には、喜びもひとしおだったろう。それまでダンサーとしてキャリアを重ねてきたバトルにとって、演じることが認められたのはとりわけ意味深いことだった。まずは彼の起用を決めたキャメロン・マッキントッシュら『ミス・サイゴン』制作チームに謝辞を表したバトルは、続いてスタッフ一同や劇場に集まった観客が、人種的偏見なくして彼を受け入れたことに感謝を示した。『ミス・サイゴン』のブロードウェイ上演が、人種問題に悩まされてきたことを裏付ける受賞スピーチになった。

その後、ミュージカル部門では、最優秀助演女優賞、最優秀作曲賞、最優秀脚本賞と発表が続く。しかしオリジナル楽曲賞では、期待されたクロード＝ミッシェル・シェーンベルクらの『ミス・サイゴン』チームは選ばれず、サイ・コールマン（一九二九―二〇〇四）を作曲家に据えた『ウィ

ル・ロジャース・フォーリーズ』が受賞した。また、脚本賞も『秘密の花園』のマーシャ・ノーマンが受賞。アラン・ブーブリルとシェーンベルクの受賞とはいかなかった。

そして、ニコラス・ハイトナーが最優秀演出賞を逃した後、映画『キャバレー』（一九七二）でオスカーを受賞したジョエル・グレイと、エミー賞、グラミー賞、トニー賞を受賞し、グランドスラムに王手をかけるリリー・トムリンが壇上に登る。いよいよ最優秀主演男優賞の発表だ。『ウィル・ロジャース・フォーリーズ』のキース・キャラダイン、アメリカの音楽家バディ・ホリー（一九三六—五九）の活躍を描いた『バディー』（一九八九）からポール・ヒップ、『屋根の上のバイオリン弾き』のトポルとともに、ジョナサン・プライスが候補者として紹介される。高まる期待のなか、トムリンが読み上げた受賞者の名前はプライスだった。

ブロードウェイ出演を巡って巻き起こった騒動が頭をよぎったのだろうか。壇上に登るプライスはいささか緊張気味だった。一方で、客席から声援を送るレア・サロンガは満面の笑顔。それを見たのだろう。徐々にプライスの緊張が解け、笑みがこぼれはじめる。そして、ウェールズ訛りが残るプライスの受賞スピーチ。

照れ隠しなのか、それともイギリス流の冗談なのか。謝意を述べるのかと思いきや、「中古のキャデラックに関する一〇一の話」を書いたという新しい自著を紹介するためにやって来たといきなりボケをかますプライス。エンジニアの名演「アメリカン・ドリーム」で使われた大道具、戦禍のベトナムでは夢の車だったキャデラックを意識してのジョークに会場が湧く。その後、「身が震える」とぼそっと漏らしたあと、前日が自分の誕生日だったこと、ショーの合間に家族と過ごしたことに触れると、ようやく『ミス・サイゴン』のスタッフへ感謝の言葉を伝えた。

ここでプライスが強調したのは、「人種的多様性に富んだ、優れたキャスト」と仕事ができたこと。受賞の喜びとともにプライスが抱え続けていた心の葛藤が垣間見られた瞬間だった（"1991 Tony Awards" 1:33:58-34:48）。

4 レア・サロンガ、喜びのなかの本音とアメリカ演劇界の現実

プライスの受賞が終わると、日本の戦国武将を描いた作品『ショーグン』（一九九〇）のジューン・アンジェラ、『ウィル・ロジャース・フォーリーズ』のディー・ホティ、おなじみ『ピーター・パン』（一九五四）のキャシー・リグビーに続き、レア・サロンガが最優秀主演女優賞の候補として紹介された。

司会のグレイが読み上げる受賞者の名は、もちろんサロンガだった。隣に座っていた兄と抱き合い、喜びを一杯に表現したサロンガは、プライスとは実に対照的だ。それでも満面の笑みを浮かべての受賞スピーチには、わずかながら皮肉が込められていたのかもしれない。「小さい頃からマニラでテレビを観て育ったの。本当に信じられないわ。神様、本当にありがとう。それに私

がアメリカへ来ることを認めてくれたエクイティの人たちには、心から感謝するわ」("1991 Tony Awards" 1:36:05-25)。

一九九〇年代初頭、「多様性」というキーワードが人種差別という問題とセットになって、『ミス・サイゴン』のブロードウェイ上演を悩ませていたことは事実だ。皮肉なのは、人種的多様性を尊重するならば、サロンガのような存在こそが文句なしに受け入れられ、活躍の機会を与えられるべきなのが、一大騒動に発展してしまったこと。それでも、サロンガの登場はアメリカ・ミュージカル界の歴史を塗り替え、フィリピン出身の天才歌手はトニー賞を受賞した初めてのアジア系女性になった。

実際、トニー賞の長い歴史のなかで、アジア系の受賞者はわずかに三人。一九八八年、長くアメリカ人の心に宿ってきた異国情緒を耽美的に描くオリエンタリズムを批判する演劇作品『M・バタフライ』で、中国系俳優のB・D・ウォンが最優秀助演男優賞を受賞したのが最初のこと。その後、アジア出身ではいまだただひとりこの栄誉に輝くサロンガを経て、ようやく三人目のアジア系受賞者となったのが、二〇一五年のミュージカル『王様と私』で最優秀助演女優賞を受賞したアリゾナ州出身の韓国系ラシー・アン・マイルスだ。この間実に二〇年以上の歳月を要した。

その二〇一五年。サロンガは二〇〇七年の『レ・ミゼラブル』でファンティーヌ役を演じて以来、久々にブロードウェイの舞台に戻っていた。日系人俳優ジョージ・タケイの第二次世界大戦中の実体験をもとにする作品『アリージャンス』(二〇一四)で、徴兵反対を唱えた日系人女性ケイ・キムラを演じた。当時のインタビューでサロンガは、アジア系俳優がトニー賞から長く遠ざかっていたことを「おかしなこと」と述べ、疑義を呈した。

一方で、同時期にブロードウェイを賑わせていたアメリカ建国の父のひとりアレキサンダー・ハミルトン(一七五五?―一八〇四)の生涯をヒップホップに描く『ハミルトン』(二〇一五)の人種的に多様な配役や、キューバ系移民として音楽界で大成功を収めたグロリア・エステファンの半生を描いた『オン・ユア・フィート』(二〇一五)、さらにアフリカ系女性作家アリス・ウォーカーの名作『カラー・パープル』(二〇〇五)のリバイバル公演に触れ、「大きな変化が起きている」と期待を込めた。

サロンガは言う。「ブロードウェイの外でも認められるには、素晴らしい題材が必要なのです。それにはキャストが関係する。回転ドアを想像してください。次から次へと人々が入ってくる。私が『ミス・サイゴン』を終えたあと、キム役を務めるために多くの俳優が入ってきました。多くのスターが入れ替わり立ち替わり入ってくるなかで、ショーそのものが生き残るには、なにか特別なものでなければならないのです」(Gioia par. 7)。

一九九一年の『ミス・サイゴン』ブロードウェイ公演に端を発した配役を巡る大騒動を経て、当時まだ二〇歳だったサロンガはミュージカル俳優としてだけではなく、人間としても大きな成長を遂げていた。そして、改めてトニー賞での受賞コメントを振り返れば、サロンガがエクイティに向けた言葉は、決して単なる皮肉ではなく、ブロードウェイの歴史に新たな一ページを加えることになった舞台関係者の英断への、純粋な感謝の気持ちだったのかもしれない。

『ミス・サイゴン』クイックガイド

1　ベトナム戦争とロック

ロックは死んだ、と言われるようになって久しい。近頃では、かつてのビートルズやレッド・ツェッペリンのような大物バンドも見かけないし、今は亡きエドワード・ヴァン・ヘイレン（一九五五―二〇二〇）のようにギター一本でリスナーを唸《うな》らせた凄腕ギタリストも減ったような気がする。

エリック・クラプトンやローリング・ストーンズはいまだに現役で活躍するけれど、ボブ・ディランのノーベル賞受賞はある意味象徴的。ロックは死んではいないまでも、表彰される時代になったのだ。反社会的と言われ、親の機嫌を損ねて聴く音楽だったのは遠い昔の話。つまらないノスタルジアに浸っていても仕方ない。ただ、ロックが一番活き活きしていたのは、やはり社会に刃向かっていたときだった。ディランがエレクトリック・ギターを手にとり、ビートルズが歪んだギター音で時代のイライラを表現した頃。ストーンズは「サティスファクション」（一九六五）で、若者たちの不満を表した。それが一九六〇年代だった。

一九七〇年代に入っても、それは続く。キング・クリムゾンやイエスといったプログレッシブ・ロックと呼ばれるひどく難解な音楽が流行り、デヴィッド・ボウイ（一九四七－二〇一六）やマーク・ボラン（一九四七－七七）らグラム・ロッカーが現れたのはこの時期。あからさまな社会批判は減ったが、わかりにくいサウンドやド派手なメイクは、それ自体社会への抵抗だった。

それが一九七六年、ツイン・ギターの奏でる泣きのソロで有名なイーグルスの「ホテル・カリフォルニア」がリリースされると、いつの間にかロックは産業化され、お茶の間の娯楽になった。これはなぜ？

察しの良い読者ならもうお気づきだろう。サイゴンが陥落し、ベトナム戦争が終結したのは一九七五年のこと。一九六〇年代を通じて歪みを増したロックは、必ずしも反戦を歌わずとも、戦争への若者の苛立ちや不満を訴える手段だった。情緒的なメロディを特徴とするイーグルスの名曲は、ニクソン政権のベトナム政策を批判する政治的な歌詞を特徴とした。しかし、音楽的にはロックが反社会的な立場を失うことを予見するに、充分な大衆性を兼ね備えたものだった。

つまり、戦争終結はロックのあり方そのものを変えたのだ。ビートルズを脱退してオノ・ヨーコと活動をはじめたジョン・レノンが、「イマジン」（一九七二）、「ハッピー・クリスマス（戦争は終った）」（一九七二）といった反戦ソングから一転、一九五〇年代のスタンダード曲を中心にカバーしたアルバム『ロックン・ロール』をリリースしたのは一九七五年。その後は一九八〇年の『ダブル・ファンタジー』まで沈黙のときが続いた。

この間、巷を見回せばディスコ音楽ブーム。映画『サタデー・ナイト・フィーバー』が封切られたのは一九七七年のこと。北欧の人気グループ、アバが世界を席巻したのもこの時期だった。セックス・ピストルズやザ・クラッシュといったパンク系バンドが、社会派ロック最後の一花を咲かせたが、時代の趨勢はもはや別のところにあった。やがて一九八〇年代のダンス・エンターテインメント、マドンナやマイケル・ジャクソン（一九五八－二〇〇九）の全盛期へ向かう。

話を『ミス・サイゴン』に振れば、クロード＝ミッシェル・シェーンベルクとアラン・ブーブリルが世に出てきたのは一九七三年のこと。ミュージカル『フランス革命』で、ロックと舞台を融合し、パリの観客を驚かせた。ベトナム戦争末期のことだ。そこから一九八〇年パリでの『レ・ミゼラブル』初演までは、しばらくの時間的ブランクがある。この間、シェーンベルクはポップ歌手として活躍した。

良くも悪くもロックが産業化され、手軽に演劇の舞台にのせやすくなったとき、ロンドン発の一九八〇年代ミュージカル・ブームが到来する。

2 もうひとつのブリティッシュ・インヴェイジョン

ブリティッシュ・インヴェイジョンといえば、一九六〇年代ビートルズ、ローリング・ストーンズといったイギリス発の新しいロック音楽が、アメリカを席巻した現象を指す。これにより、カントリーやフォークが中心だったアメリカの音楽風景は一変する。

そして生まれたのが、ジャニス・ジョプリンやジェファーソン・エアプレイン、ドアーズにジミ・ヘンドリックスといった一九六〇年代アメリカを代表するサイケデリック・ロックだ。それまでのお返しと言わんばかりに、後期ビートルズやストーンズに大きな影響を与えた。

だが、ここでお伝えしたいのは、一九八〇年代ロンドン発のミュージカルブームのこと。そもそも近代的なミュージカルはアメリカで生まれ育ったもの。もちろんブロードウェイがその中心。

一九五七年、クラシック界の巨匠レナード・バーンスタイン（一九一八―九〇）が音楽を担当した『ウェストサイド・ストーリー』が上演されると、一九五九年には伝説のコンビ、リチャード・

ロジャース(一九〇二—七九)とオスカー・ハマースタイン二世(一八九五—一九六〇)による『サウンド・オブ・ミュージック』が舞台に上がった。その後、ベトナム反戦を訴えたロック・ミュージカル『ヘアー』など、革新的ミュージカルの多くはブロードウェイで作られた。

この状況に変化が生じるのは、一九七〇年代に入ってから。『ウィズ』、『コーラスライン』、『シカゴ』とブロードウェイ発のミュージカルが連続して大ヒットした一九七五年のような当たり年もあった。しかし、イギリスの作曲家アンドリュー・ロイド＝ウェバーの登場が、ミュージカルのあり方を大きく変えることになる。

イギリス出身の作詞家ティム・ライスとコンビを組み、ロック・ミュージカルの代表作『ジーザス・クライスト＝スーパースター』を、ロイド＝ウェバーがブロードウェイに持ちこんだのは一九七一年のこと。前年ロンドンでコンセプトアルバムを先行リリースしたあと、ミュージカル初演にはニューヨークの地を選んだ。賛否入り混じる評価のなかトニー賞五部門にノミネートされると、翌年はウェストエンドへ。イギリスではより高い評価を得た。

この勢いを駆って、一九七三年にはロンドンから『ヨセフ・アンド・アメージング・テクニカラー・ドリームコート』をリリース。家族で楽しむことができる親しみやすい作品はロングランとなり、一九八二年にはブロードウェイでも上演された。

この成功に後押しされて、ロイド＝ウェバーはさらに『エビータ』をロンドンの舞台へ。

一九七八年のことだ。これがオリビエ賞最優秀ミュージカル賞を受賞し、一九七九年にはブロードウェイ公演を実現する。この頃すでに、ロイド＝ウェバー作のミュージカル音楽への評価は揺るぎないものになっていた。

こうして怒濤の一九八〇年代がはじまる。まずは一九八一年の『キャッツ』。一九八四年に『スターライト・エクスプレス』。一九八六年の『オペラ座の怪人』へと至る。いずれもウェストエンドで封切られるとブロードウェイがそれを追うという展開に。

この間にクロード＝ミッシェル・シェーンベルクとアラン・ブーブリルの『レ・ミゼラブル』もロンドンから海を越え、ニューヨークへ進出した。これぞミュージカル版ブリティッシュ・インヴェイジョン。だから、『ミス・サイゴン』がブロードウェイに来る頃には、アメリカ側もナーバスになっていた。

ベトナム戦争というアメリカではいまだ微妙な社会的トピック。プロデューサーには、次々とウェストエンド作品をブロードウェイに陸揚げするキャメロン・マッキントッシュ。しかも、主役級の役者が国外からやってくる。エンジニア役のジョナサン・プライスへのビザ発給停止やキム役のレア・サロンガへの出演拒否といった騒動は、こうした背景から起きたともいわれる。

3 戦争と写真

ベトナム戦争は最初のメディア戦争だった。よく聞かれる言葉だ。第一次世界大戦や第二次世界大戦が報道されなかったという意味ではない。もちろんふたつの世界大戦は、各国でニュースとなっていた。

しかし、映像を中心とする速報となると、ベトナム戦争こそ現地からのテレビ中継や、多くの戦争写真が瞬く間に配信された最初の戦争だった。なかでも、後に語り草になった報道写真が三枚ある。時系列に沿って紹介しよう。

まず一枚目は、ＡＰ通信のエディー・アダムズ（一九三三―二〇〇四）が撮った《サイゴンでの処刑》（一九六八）。ニュース速報写真部門で、一九六九年のピューリッツァー賞を受賞した写真だ。

アダムズが《サイゴンでの処刑》を撮ったのは、一九六八年二月一日のこと。ベトナム共和国陸軍士官グエン・ゴク・ロアン（一九三〇―九八）が、拘束したベトコン兵を銃殺する瞬間を見事に捉えた。旧正月の休戦協定を破って侵攻してきた北ベトナムの攻撃に苦しむ、南ベトナムの首都サイゴンでの出来事だった。

写真はすぐに世界配信され、反戦のシンボルと見なされた。一方、この写真を撮ったアダムズ本人は、ベトコンの急襲に苦しむ南ベトナムの姿を伝えたかったという。撮影者の意図とは違うかたちで、写真は後々語り継がれる。

二枚目の写真は、ナパーム弾による火傷を負って逃げ惑う少女を写す《戦争の恐怖》（一九七二）。一九七三年のピューリッツァー賞ニュース速報写真部門賞に輝いた一枚だ。撮影したのはベトナム生まれの報道写真家ニック・ウト。アダムズと同じAP通信のサイゴン支局で働く現地スタッフだった。

一九七二年六月八日、サイゴン近郊の町で撮られたこの写真は、アメリカ軍の攻撃による民間人被害を写すものと誤解されてきた。実際には、北ベトナム軍に抗戦する南ベトナム陸軍を支援するために、南ベトナム空軍が落としたナパーム弾が民間人を巻き添えにした。

被写体の少女の名は、ファン・ティー・キム・フック。手術を重ね、奇跡的に一命を取り留めた。その後、統一ベトナム政府の奨学金でキューバへ留学。現地でベトナムからの留学生と結婚すると、新婚旅行中に立ち寄ったカナダで亡命。現在もカナダで暮らす。「ナパーム弾の少女」と呼ばれたファンの半生については、デニス・チョンが描く伝記『ベトナムの少女――世界で最も有名な戦争写真が導いた運命』（一九九九）が詳しい。

最後の一枚は、サイゴン陥落の日にオランダの報道写真家ヒュー・ファネスが撮った一枚。緊急脱出するサイゴン市民を写した南ベトナムの崩壊を象徴する写真。屋上ヘリポートに駐機するヘリコプターと、それに向かって梯子を登っていく脱出者を収めた。ウェストエンドでの『ミス・サイゴン』初演時に劇場内で展示されたこの写真は、ベトナム戦争を知る者ならば誰もが一度は目にしたことがあるはずだ。

不思議なことに、この写真もまた誤解とともに世界に伝わった。アメリカ大使館内の建物と長く報じられてきたヘリコプターのビルは、大使館に隣接するＣＩＡ宿舎の一部。誤った報道が神話化された一例だ。

写真とともに伝えられてきたベトナム戦争。だから、『ミス・サイゴン』が一枚の写真からはじまったのも、決して偶然ではないだろう。作曲家クロード＝ミッシェル・シェーンベルクは、フランスの雑誌に載った一枚の写真にインスピレーションを受ける。ベトナム戦争末期、タンソンニャット国際空港で撮られた険しい表情の母と泣き叫ぶ娘を写した一枚。子どもの将来を思い、身を切る思いでアメリカにいる退役兵の父親に娘を託す母親の「究極の自己犠牲」から、シェーンベルクとブーブリルは壮大な『ミス・サイゴン』の物語を作り上げた。

一枚の写真がきっかけとなり舞台で戦争が神話化される。それが『ミス・サイゴン』という作品だ。

4 キム

言わずと知れた『ミス・サイゴン』悲劇の主人公。一九世紀アメリカの小説『蝶々夫人』のヒロインをモデルとする。とはいえ、ジャポニズムの時代の幻想的な世界を描く『蝶々夫人』とは違い、『ミス・サイゴン』はベトナム戦争の傷跡もまだ生々しい一九八〇年代後半に作られたミュージカル。サイゴン陥落からタイへの脱越を経て、息子タムの将来を思うあまり死を選ぶキムの生涯は、現実にありうる人生だった。

南ベトナムの農村出身のキムは、アメリカ軍の攻撃で両親を失った一七歳の娘。ベトコンに寝返った許嫁のトゥイを逃れてサイゴンに出てくるも、エンジニアなる怪しげな男が営なむアメリカ人兵士相手のナイトクラブ「ドリームランド」でホステスとして働く。

その矢先出会うのが、運命の人クリス。一瞬にして恋に落ちたふたりだったが、待ち受けていたのはサイゴン陥落による別れ。将来を約束しながらも崩れゆく南ベトナムに残されたキムは、戦後ひっそりとクリスとの愛の証タムを育てる。

ベトナムが統一されて三年。統一ベトナムの再教育キャンプから解放されたエンジニアがキムを見つけると、トゥイの前に差し出す。共産党政権の下、権力を握ったトゥイはキムに復縁を迫るが、キムはそれを拒否。タムの存在を告げると、トゥイは逆上。タムを殺そうとするが、キムはクリスが残した拳銃でトゥイを射殺する。そしてタムを連れて、エンジニアとともにバンコクへ逃げる。

バンコクで再びホステス業に就いたキムは、戦争孤児を探してタムを知り、キムの所在を突き止めたジョンと再会。クリスのホテルを訪ねると、妻エレンと鉢合わせになる。ここからが物語のクライマックス。

一九八九年のウェストエンド初演では、フィリピン出身の新星レア・サロンガが初代キム役を演じ、オリビエ賞を受賞。高い評価を得た。しかし、ブロードウェイ公演では、サロンガの国籍が問題視され、一時はアメリカへの入国ビザ発給が危ぶまれる事態に。仲裁の結果、この問題が解決したのは、開幕のわずか二ヶ月前のことだった。それでもサロンガは、一九九一年のトニー賞を受賞するなどさらなる活躍を見せた。

二〇一四年ウェストエンドでのリバイバル公演では、サンディエゴ出身のエバ・ノブルザダが二代目キムを演じる。父はフィリピン出身の移民、母はメキシコ系アメリカ人。当時一七歳だったノブルザダにとって初舞台となり、二〇一七年のブロードウェイ・リバイバル公演でも主役に抜擢された。

日本初演は一九九二年。帝国劇場の大改修を伴った公演でキム役に抜擢されたのは、アイドル・ロック歌手からの転身だった本田美奈子と、これが初舞台となった入絵加奈子。それぞれの個性を活かしたキム役は絶賛された。なお、伊東恵里がケガをした本田の代役を務めた。

その後の日本公演は、二〇〇四年、二〇〇八年、二〇一二年。さらにロンドンでのリバイバル公演を受けた二〇一四年、二〇一六年と続く。この間、キム役は、笹本玲奈、知念里奈、新妻聖子、松たか子、ソニン、昆夏美、キム・スハが演じた。

5 クリス

『蝶々夫人』のアメリカ人恋人ピンカートン中尉をモデルとするアメリカ軍兵士が『ミス・サイゴン』のクリス。フランス人作詞家アラン・ブーブリルを助け、脚本を担当したアメリカ人リチャード・モルトビーJr.によれば、南部の労働者階級の出身だ。登場人物の一人ひとりが、歴史的背景から細かい役付けを施されているのが、このミュージカルの特徴でもある。

戦争はクリスをドラッグに溺れさせ、通いつめたナイトクラブでは、夜な夜な現地女性と遊ぶ不始末。それにも飽きて、人生に対する虚無感を強めているときに出会うのが、新米ホステスのキム。最初は友人のジョンに勧められてキムと一夜をともにするクリス。が、すぐにふたりは真の愛を育むことになる。

ホステスたちに囲まれて挙げるささやかなベトナム風の結婚式。クリスは休暇を取って家庭を築こうとするも、北ベトナム軍のサイゴン攻撃が本格化。ジョンとの約束を守りひとり大使館に戻った結果キムを救えず、失意のままベトナムをあとにする。

帰国したクリスが送る辛い日々。退役兵固有の戦争後遺症を患っていたときに出会ったのが、エレンだった。ふたりは結婚。それでも毎晩のように見る悪夢のなかで叫ぶのは、忘れることのできないキムの名前。やがてキムの生存と息子タムの誕生をジョンに知らされると、エレンを連れてバンコクへ向かう。

ウェストエンド初演ではサイモン・ボウマンが初代クリス役。サウス・ウェールズ出身のイギリス人俳優は、『レ・ミゼラブル』でマリウス役を務めたキャメロン・マッキントッシュのお気に入りのひとり。ブロードウェイ初演では、シカゴ出身のウィリー・フォークがクリスを演じた。

一九九二年の日本公演では、歌手の岸田智史と俳優の安崎求が初代クリス役。なお、宮川浩も代役を務めた。その後は、石井一孝、井上芳雄、坂元健児、照井裕隆、原田優一、藤岡正明、山崎育三郎、上野哲也、小野田龍之介が代々クリスを演じてきた。

6 トゥイ

キムの許嫁で、ベトコンに寝返ったがゆえに統一ベトナムで出世の道を歩む旧南ベトナム人。キムとの復縁を迫るなか、タムの存在に逆上。子どもの命を奪おうとしたとき、クリスの銃を隠しもっていたキムに射殺される。しかし、成仏できずに、キムを追いかけバンコクへ。キムの悪夢に亡霊として現れる。南北ベトナムの因縁を象徴する存在として、舞台では重要な役目を担う。

ロンドン初演では、ロイヤル・シェイクスピア劇団出身の白人俳優キース・バーンズが初代トゥイ役を務めた。しかし、ジョナサン・プライスが混血役のエンジニアを務めることから、配役の人種問題が注目を集めたニューヨーク公演では、サンディエゴ出身のアジア系俳優バリー・ケニス・バーナルが抜擢される。

その後、二〇一四年のロンドン・リバイバル公演でもアジア系俳優がトゥイを演じた。韓国出身のホン・グァンホだった。アジア系がトゥイ役を担うのは、この頃までには定着し、ニューヨーク・リバイバル公演でもフィリピン系アメリカ人デビン・ローがトゥイを演じた。

ロンドン初演のレア・サロンガに代表されるように、『ミス・サイゴン』のキャストには、これまで多くのアジア系俳優が起用されてきた。その特徴は、フィリピン出身の役者が多くを占めること。かつてアメリカの植民地だったことからビジネスなどで英語が使われ、英語教育も充実するフィリピン。その結果、英米文化が多く流入し、なかでもジャズやポピュラー音楽などが広く親しまれていることなどが、その背景にはあるようだ。フィリピン人キャストの優位性は、良くも悪くもアメリカの影響を強く受けてきたフィリピンの歴史に裏付けられている。マニラには『ミス・サイゴン』出演者を育てるためのアクターズ・スクールもあるという（ヴァーメット一八二）。

日本初演では山形ユキオ、山本あつし、留守晃が初代トゥイ役を務め、その後は泉見洋平、tekkan、戸井勝海、石井一彰、神田恭兵、藤岡正明が演じた。

7 タムとジョン

キムとクリスの間に生まれた愛の証がアメラジアン戦争孤児のタム。そのタムの存在を突き止め、なんとか救いの手を差し伸べようとするのが、クリスの親友ジョン。

戦時中、キムとクリスのような関係は決して珍しくなかった。だから、多くのアメラジアン孤児が戦後ベトナムに取り残されることになる。人呼んでブイ・ドイ。英語で「チャイルド・オブ・ダスト」。訳せば「埃の子」。国際連合を介在に戦後の人道支援によって、多くのブイ・ドイがベトナムからアメリカへ渡った。ただ、無事に父親と再会できた孤児の数はごく少数。

一方、クリスとともにサイゴンのナイトクラブで遊びほうけていたジョン。戦後、アメリカに帰国すると、かつて戦地のあちこちで見かけた孤児たちの姿を忘れることができない。ブイ・ドイをひとりでも多く助けようと、懸命に救いの手を差し伸べる。そのとき知ったのが、クリスとキムの間に生まれたタムの存在だった。

ロンドン初演では、キプロス系イギリス白人のピーター・ポリカーポウがジョン役を務めた。

一方、脚本家リチャード・モルトビーJr.のアイデアで人種的な配役に努めたニューヨーク公演では、ドイツ出身の黒人俳優ヒントン・バトルが起用された。

その後、白人俳優がジョンを演じることもあった。しかし、二〇一四年のロンドン・リバイバル公演ではヒュー・メイナード、ニューヨーク・リバイバル公演ではニコラス・クリストファーとカリブ出身の俳優がジョンを演じた。モルトビーが言うように、当時のアメリカではありえなかった労働者階級出身の白人兵士と黒人兵士の戦場での友情がテーマのひとつなら、ジョン役は黒人俳優がこなしたほうがしっくりくる。

日本公演でジョン役を演じてきたのは、園岡新太郎、今井清隆、石井一孝、今井清隆、岡幸二郎、坂元健児、岸祐二、上原理生、パク・ソンファン。

日本語で演じる制約からか、日本公開の『ミス・サイゴン』では、韓国出身の役者を除くと、ほぼ日本人キャストが占める。ラグビー日本代表でも、様々な肌の色をした選手がともに戦う時代。日本でも異なる人種の役者が演じるようになれば、より一層表現の幅が広がるのかも知れない。

8 エレン

クリスのアメリカ人妻。キムの恋敵。アメリカの中産階級を絵に描いたような役柄のエレン。労働者階級出身という設定のクリスと階級を超えた結婚が、いかに実現したのかは興味のあるところだが、その点は舞台からは見えてこない。わかっているのは、キムの悪夢にうなされるクリスをしっかり支えようと努める健気な女性がエレンだということ。

作詞家アラン・ブーブリルによれば、『ミス・サイゴン』制作において目指したことが二点あるという。ひとつはクリスを『蝶々夫人』のピンカートン中尉のように、アジア人女性を無下に扱う無責任な男にしないこと。もうひとつは、エレンをピンカートン中尉の妻ケイトのような声のない女性にしないこと。プッチーニ作曲で知られるオペラ版『蝶々夫人』では、ケイトが歌うソロ曲はなく、結果的に人間性の希薄な冷たい役回りになった。

だから、『ミス・サイゴン』でエレンは歌う。第一幕では、クリスへの愛をキムと競い合う一曲「今も信じてるわ」。第二幕、キムとの直接対決では「キムとエレン」を歌った。ソロ曲「彼女なの、それともわたしなの」（後に、「今、彼女に会った」）や、クリス、ジョンとの掛け合いからなる「エレンとクリス」では、クリスの愛を確かめようとする強いアメリカ女性の姿をアピールする。

一方、二〇一四年からのリバイバル公演では、悩む女性の内面も強調。「今、彼女に会った」は「メイビー」に置き換えられる。新たな役付けをされたエレンは、初演オリジナル版とは異なり、クリスを失う不安から悩み苦しむ。妻としての内面の進化を感じさせる演出になった。

初演時とリバイバル公演でこれほど大きく変化した役柄は、エレンをおいて他にはない。そのエレンを演じたのは、ウェストエンド初演ではクレア・ムーア。『オペラ座の怪人』でクリスティーヌを演じた実力派だ。舞台をニューヨークに移してからは、リズ・キャラウェイ。『キャッツ』では、名曲「メモリー」を歌うグリザベラを演じたキャリアの持ち主だ。また、ウェストエンド・リバイバル公演ではタムシン・キャロル、ブロードウェイ・リバイバル公演ではカティ・ローズ・クラークがエレンを演じた。

日本公演のエレン役は、一九九二年の鈴木ほのか、岡田静、石富由美子にはじまり、ＡＮＺＡ、石川ちひろ、高橋由美子、浅野実奈子、シルビア・グラブ、ＲｉＲｉＫＡ、木村花代、三森千愛、知念里奈。

クリスの妻として、キムに負けず劣らず重要な役柄がエレン。リバイバル版でのリメイクを経て、『ミス・サイゴン』が描く人間模様はより深みを増している。

9 エンジニア

ハイフォン出身。父はフランス人。母はベトナム人娼婦。幼い頃は母を売って生計を立てた。陥落前のサイゴンではナイトクラブ「ドリームランド」を切り盛りし、ベトナム人女性をアメリカ人兵士に斡旋。いずれはアメリカへ逃げようと画策する舞台の操作役。

ベトナム崩壊のとばっちりを被り、再教育キャンプへ送られるが、アメリカの象徴たるアンクル・サムへの忠誠心は失わず、キムとともにタイへ脱越。キムとクリスの子タムの叔父になりすまし、アメリカ行きのビザを手に入れようと目論むが……。

『蝶々夫人』でそのヒロインとピンカートン中尉の仲を取りもったゴローをモデルとするエンジニア。クロード＝ミッシェル・シェーンベルクによれば、意図してエンジニアを舞台のキーパーソンに仕立てたわけではない。「エンジニア自身がそうなることを望んだのです。彼は自らの力で舞台のエンジンになったのです」(Behr and Steyn par. 31)。

一九八九年、ロンドン初演で初代エンジニア役を担ったのは、イギリスの名優ジョナサン・プライス。二五周年記念公演のガラ・コンサートでは、「シェイクスピア劇とチェーホフの舞台で無駄な時間を過ごしたあと、この素晴らしいミュージカルに出会えた」と、集まった観客にリップサービスを送った（「ガラ・コンサート」0:19:12-24）。

初演当時といえば、キムに抜擢された新人レア・サロンガはまだ一七歳。多くの若いメンバーを前に、プライスは他を圧倒する演技を披露し、エンジニアを舞台の主役に押し上げた。一九九二年の日本公演パンフレットのキャスト・プロフィールでは、キムを差し置き最初に紹介されるのが、エンジニアを演じる市村正親と笹野高史。ふたりによる堂々の演技は、日本でも『ミス・サイゴン』を成功に導いた。

一方、ニューヨーク公演の開幕にあたり大騒動となったのが、エンジニアの配役問題。白人俳優がカラーコンタクトを入れ、黄色い肌に化粧をして混血のエンジニアを演じることに憤慨したアジア系俳優たちが、組合を通じて猛然と抗議した。プライスのアメリカ入国ビザは一時発給停止となり、舞台をプロデュースするキャメロン・マッキントッシュは、公演中止という手段でこれに対抗した。

最後はアジア系俳優の出演機会が失われることを危惧した組合が折れ、問題は解決。プライスはブロードウェイでもエンジニアを演じ、キム役のサロンガとともに一九九一年のトニー賞に輝いた。

一方、今では組合の要望も叶い、エンジニアを演じるのはアジア系俳優が中心。なかでもロンドン、ニューヨークのリバイバル公演でこの役を担ったフィリピン出身のジョン・ジョン・ブリオネスの演技は秀逸。ロンドン初演では、コーラスのひとりとして舞台に立った長いキャリアの持ち主でもある。ガラ・コンサートでは、プライスから五〇周年記念へ向けてバトンを渡された。

日本では、市村のエンジニア役が定番ではあるが、笹野のほか筧利夫、橋本さとし、別所哲也、駒田一、ダイアモンド☆ユカイがこの役を演じてきた。

10 『ミス・サイゴン』を学びたい人のために

1 『ミス・サイゴンの物語』（一九九一）

Edward Behr and Mark Steyn. *The Story of Miss Saigon.* Arcade Publishing, 1991.

戦時中のサイゴンに滞在し、戦争取材にあたったイギリスのジャーナリスト、エドワード・ベアが、ショービジネス界に通じるマーク・ステインと共同で著した『ミス・サイゴンの物語』。刊行からすでに三〇年ほどが経過しているが、その内容は『ミス・サイゴン』制作の舞台裏を熟知するふたりならではのもの。他のどの情報にも代えがたい。構想段階から上演に至るまでの数々のエピソードが収録される。邦訳がないのは残念だが、『ミス・サイゴン』を知る上では必須の一冊。

2

『メイキング・オブ・ミス・サイゴン』（一九八九・二〇〇六）

Making of Miss Saigon. A & E Home Video, 2006.

ウェストエンドでの『ミス・サイゴン』初演に向けた舞台裏を収録したドキュメンタリー映画『メイキング・オブ・ミス・サイゴン』。作品の制作過程からロンドンを皮切りにマニラにまで足を伸ばした世界オーディションの様子、さらには初舞台のリハーサル風景まで、『ミス・サイゴン』ファンなら必見の映像の数々。デビュー前のレア・サロンガやモニク・ウィルソンの初々しいながらも才能の片鱗を感じさせる歌いっぷりは圧巻の一言。一九八九年にＶＨＳとして発売された。あいにく日本ではリリースされていない。

3

リチャード・モルトビーJr.・インタビュー「『ミス・サイゴン』ができるまで」（二〇一七）

"#64 Richard Maltby Jr.--The Creation of *Miss Saigon*." *Behind the Curtain: Broadway's Living Legends*. 17 Apr. 2017.

〈behindthecurtainpodcast.blog/2017/04/17/64-richard-maltby-jr-the-creation-of-miss-saigon/〉.

ブロードウェイで活躍する俳優、演出家、脚本家が、ファン必聴の情報を語るインターネット・ポッドキャスト『銀幕の陰で』。ホスト役は演劇ディレクターのロバート・シュナイダーと俳優、歌手とマルチに活躍するケビン・デヴィッド・トマスのふたり。二〇一七年『ミス・サイゴン』ブロードウェイ・リバイバル公演に合わせて脚本家リチャード・モルトビーJr.を招いてのインタビューでは、『ミス・サイゴン』の制作裏話がおよそ一時間にわたり惜しげもなく語られる。ベトナム戦争がこの作品に与えた意味や、クリスの役付け、さらにはリバイバル公演の新キャストにも話は及ぶ。

二〇二〇年の公演は残念ながら新型ウイルスの影響により上演中止となったが、情報として予定されていた主なキャストを記しておく。

エンジニア……市村正親、駒田一、伊礼彼方、東山義久
キム……………高畑充希、昆夏美、大原櫻子、屋比久知奈
クリス…………小野田龍之介、海宝直人、チョ・サンウン
ジョン…………上原理生、上野哲也
エレン…………知念里奈、仙名彩世、松原凜子
トゥイ…………神田恭兵、西川大貴
ジジ……………青山郁代、則松亜海

引用・参考資料

"1991 Tony Awards: Complete." YouTube. 15 Aug. 2014. <https://www.youtube.com/watch?v=VtITARzd47s&list=LL&index=15>. Accessed 12 Feb. 2021.

"A Long Way to Go for Musical Theater in Vietnam." *Tuoi Tre News*. 6 Nov. 2014. <tuoitrenews.vn/news/lifestyle/20141106/a-long-way-to-go-for-musical-theater-in-vietnam/10324.html>. Accessed 31 Oct. 2019.

"Acting Silly About Color." *New York Times*. 28 Jul. 1990: 20.

"Address by President Gerald R. Ford Before a Joint Session of the Congress Reporting on United States Foreign Policy." *Gerald R. Ford Presidential Library & Museum*. N.a. <www.fordlibrarymuseum.gov/library/speeches/750179.asp>. Accessed 7 Mar. 2020.

"After 40 Years, Interracial Marriage Flourishing: Since Landmark 1967 Ruling, Unions Have Moved from Radical to Everyday." *Race & Ethnicity: NBC News.com*. 15 Apr. 2007. <www.nbcnews.com/id/18090277#.XdCaYzL7SL8>. Accessed 17 Nov. 2019.

Aid, Matthew M. *The Secret Sentry: The Untold History of the National Security Agency*. Bloomsbury P, 2009.

Appy, Christian G. *Working-Class War: American Combat Soldiers and Vietnam*. U of North Carolina P, 1993.

"Backstage with Bruce: Springsteen on his Early Work." An Interview by Terry Gross. 15 Nov. 2005, 30 Jan. 2009. <www.npr.org/templates/story/story.php?storyId=100038036>. Accessed 4 Nov. 2019.

Bartlett, Robin et al. "We Still Need Affirmative Action." *New York Times*. 2 Sep. 1990: H 9.

Barnes, Clive. "Theater: 'Hair' -- It's Fresh and Frank; Likable Rock Musical Moves to Broadway." *New York Times*. 30 Apr. 1968: 40.

Behr, Edward. *The Complete Book of Les Miserables*. Arcade Publishing, 1993.

Behr, Edward and Mark Steyn. *The Story of Miss Saigon*. Arcade Publishing, 1991.

"Billy Joel." An Interview by David Sheff and Victoria Sheff. *David Sheff*. May 1982. <www.davidsheff.com/billy-joel>. Accessed 4 Nov. 2019.

Blumenthal, Ralph. "The Ones Who Were Left Behind: A Film Exposes an Untold Chapter in the Fall of Saigon." *New York Times*. 28 Aug. 2014: AR8.

"Bomb Thrown at Theater." *New York Times*. 26 Apr. 1971: 24.

Bottoms, Stephen J. *Playing Underground: A Critical History of the 1960s Off-Off-Broadway Movement*. U of Michigan P, 2004.

Breslauer, Jan. "It's the Whopper of a Chopper: 'Miss Saigon' Fall into L.A. with it Ageless Love Story, High-tech Wizardry and Megabucks Box Office---Not to Mention All That Baggage. So, Wha Took So Long?" *Los Angels Times* 15 Jan. 1995. <www.latimes.com/archives/la-xpm-1995-01-15-ca-20281-story.html>. Accessed 12 Oct. 2019.

"Bruce Springsteen---How Nebraska Was Born . . . [Godfatherecords G.R. 86/87]" *Collectors Music Reviews*. 12 Jun. 2012. <www.collectorsmusicreviews.com/springsteen-bruce/bruce-springsteen-how-nebraska-was-born-godfatherecords-gr-8687/>. Accessed 4 Nov. 2019.

Bunoan, Vladimir. S. "How Can You Miss Saigon?" *BusinessWorld*. 6 Oct. 2 2000. <global-factiva-com.e2.wal.waseda.ac.jp>.

Accessed 8 Mar. 2020.

Burke-Gaffney, Brian. *Starcrossed: A Biography of Madame Butterfly*. Eastbridge Books, 2004.

"Charlie Daniels." An Interview by Shawna Ortaga. *Songfacts*. 30 Mar. 2007. <www.songfacts.com/blog/interviews/charlie-daniels>. Accessed 4 Nov. 2019.

"'Chicago' to Be Staged in HCM City." *Viet Nam News*, 21 Jul. 2017. <vietnamnews.vn/print/chicago-to-be-staged-in-hcm-city/380491.html>. Accessed 31 Oct. 2019.

Chong, Denise, *The Girl in the Picture: The Kim Phuc Story*. Viking, 1999.『ベトナムの少女――世界で最も有名な戦争写真が導いた運命』押田由起訳、文藝春秋、二〇〇一年。

Chung, Tzu-I. "The Transnational Vision of *Miss Saigon*: Performing the Orient in a Globalized World." *MELUS* 36.4 (2011): 61-86.

Clarke, David. *Water and Art: A Cross-cultural Study of Water as Subject and Medium in Modern and Contemporary Artistic Practice*. Reaktion Books, 2010.

Clines, Francis X. "President Heaps Praise on Voters in the Northeast: Jersey and Connecticut Stops Show Buoyancy." *New York Times*. 20 Sep. 1984. A1, B20.

Cortes, Joseph. "*Miss Saigon* Soon in RP." 27 Apr. 2000. <www.philstar.com/entertainment/2000/04/27/92100/miss-saigon-soon-rp>. Accessed 14 Nov. 2019.

Cowie, Jefferson. R and Lauren Boehm. "Dead Man's Town: 'Born in the U.S.A.,' Social History, and Working-Class Identity." *American Quarterly* 58.2 (2006): 353-78.

"Curfew Changed in Saigon." *New York Times*. 4 Apr. 1971: 2.

De Guzman, Susan A. "The Heat Is on for Saigon." *Business World*. 7 Apr. 2000. <global-factiva-com.ez.wul.waseda.ac.jp/hp/

printsavews.aspx?pp=Print&hc=Publication>. Accessed 14 Nov. 2019.

Emerson, Gloria. "G.I's and Vietnamese Youth: Sharing at Rock Festival." *New York Times*. 30 May 1971: 3.

——. "Saigon 'Cowboys' Race the Draft." *New York Times*. 25 Mar. 1971: 6.

Freedman, Samuel G. "The War and the Arts." *New York Times*. 31 Mar. 1985: A 50.

"Goodnight Saigon by Billy Joel." *Songfacts*. N.d. <www.songfacts.com/facts/billy-joel/goodnight-saigon>. Accessed 4 Nov. 2019.

Gehman, Geoff. "'Saigon's' Second 'Miss' Those Who Know Her Say Kam Cheng Is Ready." *The Morning Call*. 7 Apr. 1991. <www.mcall.com/news/mc-xpm-1991-04-07-2805301-story.html>. Accessed 6 Feb. 2020.

Gioia, Michael. "'I'm Hoping There is a Shift,' Says Lea Salonga On Diversity and the 'United Colors' of This Season." Playbill. 24 Jul. 2015. <https://www.playbill.com/article/im-hoping-there-is-a-shift-says-lea-salonga-on-diversity-and-the-united-colors-of-this-season-com-354199>. Accessed 12 Feb. 2022.

Gordon, David. "From Engineering Student to 'The Engineer': Jon Jon Brione's Journey with *Miss Saigon*." 19 Mar. 2017. *Theater Mania*. <www.theatermania.com/broadway/news/interview-jon-jon-briones-miss-saigon-engineer_80401.html>. Accessed 14 Nov. 2019.

"Happiness Is Acid Rock on Plantation Road." *Grunt Free Press*. Sep.-Oct. 1970: 3-4.

Hebert, James. "For San Diego-raised Actor Jackie Nguyen, 'Miss Saigon' Has Been A Major Part of Her Art and Life." 30 Jun. 2019. *The San Diego Union Tribune*. <www.sandiegouniontribune.com/entertainment/theater/story/2019-06-30/for-san-diego-raised-actor-jackie-nguyen-miss-saigon-has-been-a-major-part-of-her-art-and-life?00000168-c155-df9b-adfc-cb55faa70000-p=78>. Accessed 30 Nov. 2019.

"Helicopter Operations in Vietnam." *Pathfinder: Air Power Development Centre Bulletin*. 93 (Jul. 2008). <airpower. airforce.gov.

au/APDC/media/PDF-Files/Pathfinder/PF093-Helicopter-Operations-in-Vietnam.pdf >. Accessed 5 Nov. 2019.

Hendrix, Steve. "A Rush to Wed to Avoid the Vietnam Draft: The Day LBJ Eliminated the Marriage Exemption." *Washington Post*. 23 Sep. 2017. <www.washingtonpost.com/news/retropolis/wp/2017/09/23/a-rush-to-the-altar-to-avoid-the-vietnam-draft-the-day-lbj-eliminated-the-marriage-exemption/ >. Accessed 25 Nov. 2019.

Herr, Michael. *Dispatches*. Vintage International, 1991.『ディスパッチズ――ヴェトナム特電』増子光訳、筑摩書房、一九九〇年。

Hoffman, Abbie. *Woodstock Nation: A Talk-Rock Album*. Random-vintage, 1969.

Holsinger, M. Paul. "Viet Rock (Musical)." Ed. M. Paul Holsinger, *War and American Popular Culture: A Historical Encyclopedia*. Greenwood P, 1999.

Inskeep Steve, Vince Pearson and Barry Gordemer. "What Does 'Born In The U.S.A.' Really Mean?" *NPR*. 26 Mar. 2019. <www.npr.org/2019/03/26/706566556/bruce-springsteen-born-in-the-usa-american-anthem>. Accessed 4 Nov. 2019.

Jamieson, Neil L. *Understanding Vietnam*. U of California P, 1995.

"Jane Fonda in Five Acts (2018): HBO Documentary." *YouTube*. 24 Oct. 2018. <www.youtube.com/watch?v=KJFihD_Wt5I>. Accessed 18 Nov. 2019.

Jenkins, Chadwick. "The Original Story; John Luther Long and David Belasco." *New York City Opera Project; Madama Butterfly*. N. d. <columbia.edu/itc/music/NYCO/butterfly/luther.html>. Accessed 12 Sep. 2019.

Johnson, Kay. "Children of the Dust." *Time*. 13 May 2002. <content.time.com/time/magazine/article/0,9171,237115,00.html>. Accessed 8 Sep. 2013.

Karlin, Wayne. *Wandering Souls: Journeys with the Dead and the Living in Viet Nam*. Nation Books, 2009.

Kennedy, Rory, dir. *Last Days in Vietnam*. PBS, 2014.

Kitwana, Bakari. *The Hip Hop Generation: Young Blacks and the Crisis in African-American Culture*. Civitas Books, 2002.

Kovic, Ron. *Born on the Fourth of July*. Akashic Books, 2005.

Kramer, Michael J. *The Republic of Rock: Music and Citizenship in the Sixties Counterculture*. Oxford UP, 2013.

——. "The Woodstock Transnational: Rock Music & Global Countercultural Citizenship after the Vietnam War." *Michael J. Kramer*. 22 Oct. 2018. <www. michaeljkramer.net/the-woodstock-transnational-rock-music-global-countercultural-citizenship-after-the-vietnam-war/>. Accessed 17 Oct. 2019.

Kuhn, Anthony. "'Hanoi Hannah,' Whose Broadcasts Taunted and Entertained American GIs, Dies." *NPR*. 6 Oct. 2016. < www. npr.org/sections/thetwo-way/2016/10/05/496662815/hanoi-hannah-whose-broadcasts-taunted-and-entertained-american-gis-dies-at-87 >. Accessed 18 Nov. 2019.

"La Révolution française (opéra rock)" *Olyrix*. N.d. <www.olyrix.com/videos/spectacle/977/la-revolution-francaise-opera-rock-14-juillet-2018-fete-nationale-comedie-musicale >. Accessed 10 Nov. 2019.

Lamb, David. "Children of the Vietnamese War: Born Overseas to Vietnamese Mothers and U.S. Servicemen, Americans Brought Hard-won Resilience to their Lives in America." *Smithsonian Magazine*. Jun. 2009. <www.smithsonianmag.com/travel/children-of-the-vietnam-war-131207347/>. Accessed 23 Nov. 2019.

Lepore, Herbert P. "The Coming of Age: The Role of the Helicopter in the Vietnam War." *Army History*. 29 (Win. 1994): 29-36.

Livingston, Guy. "Nudity and Flag "Desecration" Figure in Appeal Against Hair Foldo in Hub." *Variety*. 15 Apr. 1970. *Hair: The American Tribal Love-Rock Musical*. <www.michaelbutler.com/hair/holding/articles/HairArticles/Variety4-15-70.html>. Accessed 1 Nov. 2019.

Long, John Luther. *Madame Butterfly and Other Stories*. In *Japan in American Fiction 1880-1905. Vol. 7*. Ganesha Pub and Edition Synapse, 2001.

Making of Miss Saigon. A & E Home Video, 2006.

"'Miss Saigon': Jackie Nguyen and Matthew Overberg." *YouTube*. 14 Aug. 2019. <www.youtube.com/watch?v=4WC1XXjFkZM>. Accessed 14 Oct. 2019.

"*Miss Saigon* A Gamble Worth Taking." *Manila Standard*. 7 Oct. 2000. <global-factiva-com.ez.wul.waseda.ac.jp/hp/printsavews.aspx?pp=Print&hc=Publication>. Accessed 14 Nov. 2019.

Moore, John. "Jackie Nguyen: 'These Women Are Real. Their Stories Are Real." *Denver Center for the Performing Arts*. 30 Aug. 2019. <www.denvercenter.org/news-center/jackie-nguyen-these-women-are-real-their-stories-are-real/>. Accessed 28. Nov. 2019.

"Music During the Vietnam War." *Cherrieswriter---Vietnam War Website*. 17 Oct. 2017. <cherrieswriter.com/2017/10/17/music-during-the-vietnam-war/>. Accessed 2019.

Nguyen, Kien. "Lives; Night Swimming." *New York Times Magazine*. 11 Feb. 2001: 108.

Nguyen, Viet Thanh. "Close the Curtain on 'Miss Saigon.'" *New York Times*. 3 Aug. 2019. <www.nytimes.com/2019/08/03/opinion/miss-saigon-play.html>. Accessed 14 Oct. 2019.

North, Don. "Voices from the Past: The Search for Hanoi Hannah, Part 1." *Viet Nam Generation Journal & News Lette*r. 3.3 (Nov. 1991). 29 Jan. 1999. <www2.iath.virginia.edu/sixties/HTML_docs/Texts/Scholarly/North_Hanoi_Hannah_01.html>. Accessed 18 Nov. 2019.

"#64 Richard Maltby Jr.---The Creation of Miss Saigon." *Behind the Curtain: Broadway's Living Legends*. 17 Apr. 2017. <behindthecurtainpodcast.blog/2017/04/17/64-richard-maltby-jr-the-creation-of-miss-saigon/>. Accessed 12 Nov. 2019.

"One Family's Vietnam War Story." *PBS*. N.d. <www.pbs.org/wgbh/americanexperience/features/two-days-in-october-military-families-and-vietnam/>. Accessed 24 Nov. 2019.

Palmer, Robert. "'Still in Saigon' Climbing." *New York Times*. 21 Apr. 1982. C19.

Pilger, John. *Heroes*. Vintage, 2001.

Porter, Donald. "In Vietnam, These Helicopter Scouts Saw Combat Up Close." *Air & Space*. Sep. 2017. <www.airspacemag.com/military-aviation/snakes-loaches-180964341/>. Accessed 5 Nov. 2019.

"Remembering the First Operation Babylift Flight." *Internet Archive: Wayback Machine*. N.d. <web.archive.org/web/20130927194734/http://www.dia.mil/history/features/operation-babylift/>. Accessed 24 Nov. 2019.

Ragni, Gerome and James Rado. *Hair: The American Tribal Love-Rock Musical*. Pocket Books, 1969.

"Remembering Vincent Liff." *NPR*. 28 Feb. 2003. <www.npr.org/templates/story/story.php?storyId=1178882>. Accessed 28 Nov. 2019.

Rich, Frank. Jonathan Pryce, 'Miss Saigon' and Equity's Decision." *New York Times*. 10 Aug. 1990. C1.

"Richard Maltby Jr.---On Miss Saigon." *YouTube*. 15 Jan. 2014. <www.youtube.com/watch?v=wU3VnelIA8Q>. Accessed 12 Nov. 2019.

Rothstein, Mervyn. "Producer Cancels 'Miss Saigon'; 140 Members Challenge Equity." *New York Times*. 9 Aug. 1990: C15.

————. "Producer Demands A Free Hand to Cast 'Miss Saigon' Roles." *New York Times*. 22 Aug. 1990: C11.

————. "Union Bars White in Asian Role; Broadway May Lose 'Miss Saigon.'" *New York Times*. 8 Aug. 1990: A1.

Shapiro, Joseph. "At War's End, U.S. Ship Rescued South Vietnam's Navy." *NPR*. 1 Sep. 2010. <www.npr.org/2010/09/01/129578263/at-war-s-end-u-s-ship-rescued-south-vietnam-s-navy>. Accessed 12 Nov. 2019.

Stur, Heather, "The Beatles of Vietnam." *New York Times*. 4 Jan. 2018. <www.nytimes.com/2018/01/04/opinion/beatles-of-vietnam.html>. Accessed 2 Nov. 2019.

Taylor, Kate. "The Beat Goes On." *New York The Sun*. 14 Sep, 2007. <www.nysun.com/arts/beat-goes/62643/>. Accessed 16 Nov.

2019.

Terry, Megan and Peter L. Feldman. *Viet Rock: A Folk War Movie. The Tulane Drama Review*. 11.1 (1966): 196-228.

"The Last Days in Saigon." *Central Intelligence Agency*. 1 May 2015. <www.cia.gov/news-information/featured-story-archive/2015-featured-story-archive/the-last-days-in-saigon.html>. Accessed 7 Nov. 2019.

"The Rolling Stone Interview: Bruce Springsteen on 'Born on the U.S.A.'" An Interview by Kurt Loder. *Rolling Stone*. 7 Dec. 1984. <www.rollingstone.com/music/music-news/the-rolling-stone-interview-bruce-springsteen-on-born-in-the-u-s-a-184690/>. Accessed 4 Nov. 2019.

Tiede, Tom. "Hanoi Hannah: Not Tokyo Rose." *Desert Sun*. 39.129 (3 Jan. 1966). <cdnc.ucr.edu/?a=d&d=DS19660103.2.32&e=-------en--20--1--txt-txIN--------1>. Accessed 18 Nov. 2019.

Truong, Nhu Tang. *A Vietcong Memoir: An Inside Account of the Vietnam War and its Aftermath*. Vintage, 1986.

"Vietnam Statistics." *The United States War Dogs Association, Inc.: Honoring Our Nation's War Dogs and their Handlers: Past, Present, & Future*. N.d. <www. uswardogs.org/vietnam-statistics/>. Accessed 24 Nov. 2019.

Wagner, Tara Lynn. "'Miss Saigon Actress Says Story Mirrors Her Mother's Struggles in Vietnam." 18 Jul. 2019. *Spectrum News 1*. <spectrumnews1.com/ca/la-west/news/2019/07/18/-miss-saigon--actress-says-story-mirrors-her-mother-s-struggles-in-vietnam>. Accessed 14. Oct. 2019.

Wang, Wendy. "The Rise of Intermarriage." *Pew Research Center*. 16 Feb. 2012. <www.pewsocialtrends.org/2012/02/16/the-rise-of-intermarriage/>. Accessed 17 Nov. 2019.

Weatherby, W. J. "A March on Broadway: Protestors and Rave Reviews Greeted Miss Saigon." *The Guardian*. 13 Apr. 1991: 21.

Wilson, Woodrow. "Making the World 'Safe for Democracy.'" Woodrow Wilson Asks for War." *History Matters: The U.S. Survey Course on the Web*. N.d. <historymatters.gmu.edu/d/4943/>. Accessed 17 Nov. 2019.

Witchel, Alex. "Union Weighs 'Miss Saigon' Casting." *New York Times*. 25 Jul. 1990: C12.

Zia, Helen. *Asian American Dreams: The Emergence of An Asian American People*. Farbar, Straus and Giroux, 2001.

磯前順一『ザ・タイガース――世界はボクらを待っていた』集英社新書、二〇一三年。

ヴァーメット、マーガレット『「レ・ミゼラブル」をつくった男たち』高城綾子訳、三元社、二〇一二年。

「ガラ・コンサート」『ミス・サイゴン：25周年記念公演inロンドン』ＮＢＣユニバーサル・エンターテインメント・ジャパン、二〇一八年、Blu-ray。

「グラバー邸のもう一人の住人、倉場富三郎」『ナガジン！』二〇一四年。<http://www.city.nagasaki.lg.jp/nagazine/hakken/hakken1410/index.html>. Accessed. 12 Oct. 2019.

古崎博「終曲（後日物語）」ロング『原作　蝶々夫人』九五―一〇〇頁。

コビック、ロン『7月4日に生まれて』日高義樹訳、集英社文庫、一九九〇年。

「蝶々さんとピンカートン」『朝日新聞　Ｔｒａｖｅｌ』二〇〇七年一一月一〇日。<asahi.com/travel/traveler/TKY200711090290.html>. Accessed. 7 Mar. 2020.

ブーブリル、アラン「「マダム・クリサンセマム（お菊夫人）」から「ミス・サイゴン」へ」『ミス・サイゴン』東宝、一九九二年、一二頁。

吉田美津「ヴェトナム系アメリカ文学――ヴェトナム戦争を超えて」植木照代・監修、山本秀行、村山瑞穂・編、『アジア系アメリカ文学を学ぶ人のために』世界思想社、二〇一一年、一二一―一三八頁。

ロング、ジョン・ルーサー『原作　蝶々夫人』古崎博訳、鎮西学院長崎ウエスレヤン短期大学、一九八一年。

あとがき

アメリカの大学院に留学中のとき。家族が珍しく来るというので、アップステートと呼ばれるニューヨーク州の外れ、ナイアガラの滝にほど近いバッファローからニューヨーク・シティに出ていったときのこと。一九九五年の夏だった。ブロードウェイでミュージカル『ミス・サイゴン』を観劇した。その日買ったはずのパンフレットは今手元にはなく、あるのは微かな記憶だけ。憶えているのはオープニングの、当時の自分にはまぶし過ぎたサイゴンのナイトシーンと、ヘリコプターを使ったド派手な演出。それにショー後半の名曲、エンジニアが歌い上げる「アメリカン・ドリーム」。正直、キムやクリスのことはあまり憶えていない。それほどエンジニアの存在感が強かった。

あれから二五年ほどの歳月が流れ、何のめぐり合わせか、『ミス・サイゴン』をテーマに本を書いている。戦争のことはもちろん、あの頃はその存在すら理解していなかったベトナム系アメリカ人のことも今ではだいぶわかるようになった。だからこそ言えるのは、『ミス・サイゴン』

という舞台の完成度の高さ。もちろんステレオタイプ的なアジア人表象や、今の時代にはそぐわない女性表現など問題がないわけではない。それでもまだ続々と、南ベトナムから難民がアメリカにたどりついていた時代に、こうした作品を世に送り出すことがよくもできたなと思う。

一方、本書執筆のために、改めて調べたアメリカの反戦運動は、想像以上に深刻なものだった。それというのも、戦争反対の声はアメリカ国内の若者や活動家だけではなく、帰還兵はもちろんのこと現地で戦う兵士からも発せられていた。当時は「ハノイ・ジェーン」と呼ばれ糾弾されたジェーン・フォンダ。この名の知れた女優が沖縄をはじめフィリピン、東京のアメリカ軍基地を回ったツアー・ドキュメント『F・T・A』に映し出されるアメリカ人兵士たちのフラストレーションは、ほぼ極限にまで達していた。

準備中の別の著書（『リトルサイゴン』、二〇二〇年、彩流社）では、ベトナム系難民の戦争トラウマや、アメリカ文化におけるベトナム表象の偏向を論じているが、ベトナム戦争を語ることの難しさを痛感した。本書の執筆を通じても、この戦争がもつ多面性を改めて認識させられた。教科書的にいえば、ベトナム戦争とは米ソ冷戦時代の南北ベトナムによる代理戦争だろうが、実際に戦争にかかわった兵士たちやベトナムの人々の姿からは、ベトナム戦争の何たるかを語ろうとすること自体が、軽率なことと思わざるを得ない。それほど複雑なのがベトナム戦争だった。

その意味では、『ミス・サイゴン』が様々な議論や論争を巻き起こしてきたことは必然だった。

ブーブリルやモルトビーの戦争解釈がやや一面的だったことも、意識しなければならないことだと思う。ただし、これがポップカルチャーの宿命と限界なのも事実で、極端な無理解や曲解は問題視されるべきだが、あまりに批判を恐れては前進できない。むしろ、放っておけば人々の記憶からやがて消え去ってしまうことこそ、何らかの形で後世に伝え残していくべきではなかろうか。『ミス・サイゴン』には、そうした役目があるはずだ。今でも各国で繰り返し上演されているのはその証だろう。

最後に本書執筆中に、大学院の教え子から聞いた話をひとつ。その話ときたら、まるで『ミス・サイゴン』そのものだった。教え子の父親はポーランド系移民の元志願兵。ベトナム行きと引き換えに得られる大学進学を補助する奨学金が目当ての従軍だった。サイゴンで恋に落ちると、相手のベトナム人女性との間に娘が生まれた。それでもサイゴン陥落を数ヶ月前にして帰国。クリスとキムのようなドラマはなかったようだが、辛い別れであったことには違いない。帰国してしばらくすると、アメリカで出会ったスウェーデンから来た白人女性と結婚した。

それからしばらくして、ベトナムに残った現地妻の女性から子どもとともに脱越したいと連絡があった。もちろん彼女の希望はアメリカに来ること。教え子の父親が妻に相談すると、彼女はあっさり首を縦に振った。数ヶ月後、女性と子どもの身元引受人となった父親は、ふたりをアメリカへ呼び寄せる。ベトナムから来た女性はしばらく語学学校に通ったあと、ネイルサロンを開いて自立した。ハッピーエンド。

教え子いわく、「ママは物わかりが良すぎるの。わたしにはできないこと。エレンが普通なのよ」。教え子の両親がふたりとも移民だったことが幸いしたのかもしれない。難民の境遇を思い察することができたのだろう。それでも、こんな家族がアメリカに存在することに、正直ほっとさせられた。ベトナム戦争をめぐる物語が、いつもぶつかり合いばかりではないことを知ることができたのだから。

本書執筆にあたっては、小鳥遊書房の高梨治氏と林田こずえ氏に大変お世話になった。アメリカのベトナム系コミュニティの話をしていた際に、高梨氏から林田氏が『ミス・サイゴン』に興味をもっていると話があったのが本書の出発点だった。当時、執筆に数年をかけた研究書がようやく終わりに近づいていた。少し休みたいと怠け心もあったが、林田氏に背中を押され、以前から興味のあったミュージカルでも一冊という気持ちが芽生えた。根っからのポップカルチャー好きということもある。とても楽しい本書執筆だった。願わくば、本書がより多くの読者の方々に楽しんでいただければ幸いだ。

なお、本書では、エンジニアやタムといった欧米人とベトナム人女性の間に生まれた登場人物を指すのに、ブイ・ドイ、アメラジアンといった言葉に加え、混血児という語を使用している。

現在では、否定的なニュアンスが強い言葉として使用を控える傾向にあるが、本書の扱う歴史的背景等諸事情から、必要に応じて使うことにした。読者諸氏にはご理解のほどお願いしたい。

本書刊行のための研究・調査等は、科学研究費助成基盤（C）「太平洋横断的ヴェトナム系アメリカ文化研究の構築にむけて」（課題番号 18K00435）により実現したものである。関係諸氏には感謝申し上げる。

本書の執筆が終わり、いよいよ入校となった二〇二〇年初頭、世界を新型肺炎によるパンデミックが襲った。日本もその影響を免れ得ることはなく、舞台芸術界も大きな痛手を被り、数々の公演が無期順延もしくは中止となった。予定されていた二〇二〇年五月からの『ミス・サイゴン』公演の中止を東宝が決定したのも、そうした状況下でのことだ。通算七回目にあたる日本での公演を楽しみにしながら、執筆・校正を進めていただけに残念でならない。

しかし、繰り返し述べてきたように、『ミス・サイゴン』というミュージカルの魅力は一過性のものではなく、きっと再度の上演もあるに違いない。その日のためにも、本書で記したこの素晴らしいミュージカル作品の様々な背景を、読者のみなさんと共有できれば幸いだ。

二〇二〇年四月　東京にて

麻生 享志

増補改訂版　あとがき——ジジとキムの不思議な関係

本書出版から二年。猛威を振るったコロナ感染症によるパンデミックだったが、医療従事者の献身的な努力と、ウイルスが変異を繰り返したことで、人々は次第に日常生活を取り戻しはじめている。二〇二〇年にキャンセルされた『ミス・サイゴン』の舞台も、ついにこの七月帝国劇場を皮切りに日本全国に戻ってくる。俳優たちの熱い意気込みと多くのファンの期待をのせて。

そして、改めてこの本を読み返してみたとき、ジジについてあまり多くを書いていなかったことに気づいた。

ジジ・ヴァン・トラン。ミュージカル冒頭のアップテンポの名曲「火がついたサイゴン」で、ナイトクラブ「ドリームランド」のオーナー、エンジニアに「ハノイ出身のセックス・トイ」と紹介される「ミス・サイゴン」の勝者。あたかもこのミュージカルの主人公であるかのような扱いだ。しかし、それもつかの間。くじ引きで彼女を手に入れた兵士に、アメリカ行きを迫ったことから一転トラブルに。

騒動のあげくエンジニアに殴られたジジが唄うのが、バラード「我が心の夢」。一九八九年のウェストエンドでは、フィリピン出身の俳優イサイ・アルヴァレスが初代ジジ役を演じた。「ちっとも優しくしてくれない。騒いでは、わめきちらし、ただやりたい放題。愛のかけらもないのはわかっている」と、アメリカ兵に対する悲しい心の内を吐露した。

興味深いのは、途中からこの曲はキムに引き継がれ、観客の視線は次第にジジからキムへと移っていくこと。オープニングから一〇分ほどで起きるとても象徴的なシーンだ。事実、「ミス・サイゴン」の勝者でありながら、その後、ジジにスポットライトが当たることはほぼなくなる。あえて言えば、クリスとキムのウェディングで、熱く抱擁するふたりを引き離し、「真のミス・サイゴンはあなたよ」とキムに向かって乾杯を捧げるシーンが、ジジに視線が集まる最後のときだろう。そして、まさにそれは「ミス・サイゴン」という主役の座が、ジジからキムに完全に移行する瞬間だ。

こうしてみると、ジジとキムはいわゆるダブルの関係にあることがわかる。つまり、ジジはキムであり、キムはジジであるかもしれないということ。だから、ふたりが同時にスポットライトを浴びることはない。キムがいるなら、ジジの出る幕はないのだ。そして、このふたりの対照性を通じて、おそらくモルトビーが中心となって制作チームが意図したのは、アメリカにまん延するベトナム人女性に対する固定観念を打ち破ることだったと思われる。

「ドリームランド」のスターという意味では似たような役回りでありながら、このふたりが決定的に違うのは、ジジがあまりにイメージ通りの夜のホステスなのに対し、キムはその世界に馴染めない、クリスに恋する純粋な女性だという点だろう。言うまでもなく、ベトナム戦争の時代から戦後の一九八〇年代にかけて、アメリカ国内で一般に広まっていたベトナム人女性へのイメージはジジ的なものだった。制作チームとしては、そのようなベトナム女性への偏見を取り除こうという期待をもって、このミュージカルを作り上げていったに違いない。

すでに触れたことだが、『ミス・サイゴン』ほど多くの批判と苦難を乗り越えて、ブロードウェイ公演を実現したミュージカルはない。とくに問題視されたのはアジア人登場人物に対する人種的偏見や、アジア人女性をハイパーセクシュアルな存在として扱う演出だった。それにもかかわらず、このミュージカルがいまだに支持されるのは、様々な偏見を意識し、あえてそれを舞台にのせつつも、その先を目指してさらなる一歩を踏み出そうとする制作チームの強い意志があったからだろう。

典型的なホステス役のジジの内面にはキムがいて、キムのような女性もまたジジのような役回りを演じざるを得なかったこと。その原因は、冷戦時代に国土を二分する戦争がベトナムで起き、アメリカをはじめとする世界の列強が直接的に、あるいは間接的にその争いに加わったことにある。そのことを思えば、いかなる理由でも戦争とは許せないものであり、一日も早く戦争がない世の中を実現することこそ、喫緊の課題だと痛感させられる。『ミス・サイゴン』とは、そんなメッセージをもったミュージカルなのだ。

（事実、二〇一七年ブロードウェイでのリバイバル公演時の劇場用パンフレットでは、作品の背景としてベトナム戦争の歴史が詳細にわたり説明されていた。さらに、当時この作品を授業用観劇に使う学校が多かったのだろうか。巻末には教員向けの授業用マニュアルが付される念の入れようだった。）

そして今、世界に目を向ければ、戦争はなくなるどころか、ますますエスカレートする兆しを見せている。ロシアのウクライナ侵攻。攻撃を受けたウクライナからは、多くの人々が新しい生活を求めて他国へ逃れるという非常事態になった。いつの時代でも戦いとともに繰り返されるのは、難民や避難民の歴史だ。

ベトナム戦争では、多くの人々が難民としてアメリカをはじめとする各国に離散することになった。そこから生まれた数々の悲劇。そんな時代を背景に生まれた『ミス・サイゴン』が、この夏にはじまる日本公演で、より多くの人々の関心を引きつけることを期待したい。

二〇二二年　初夏の東京にて

麻生 享志

【著者】

麻生 享志

（あそう・たかし）

東京生まれ。
ニューヨーク州立大学バッファロー校博士課程修了（比較文学）。
早稲田大学教授。現代アメリカ文化・文学研究。
著書に『ポストモダンとアメリカ文化　文化の翻訳に向けて』（彩流社）、
『現代作家ガイド７　トマス・ピンチョン』（共編著、彩流社）、
『「リトルサイゴン」 ベトナム系アメリカ文化の現在』（彩流社）、
『アジア系トランスボーダー文学　アジア系アメリカ文学研究の新地平』
（共編著、小鳥遊書房）他。
訳書に『モンキーブリッジ』、『蓮と嵐』（ラン・カオ著、彩流社）他。

増補改訂版《ぞうほかいていばん》
『ミス・サイゴン』の世界《せかい》
戦禍《せんか》のベトナムをくぐり抜《ぬ》けて

2022 年 7 月 8 日　増補改訂版第 1 刷発行
2022 年 9 月 8 日　増補改訂版第 2 刷発行
（2020 年 5 月 8 日　初版第 1 刷発行）

【著者】
麻生 享志

発行者 : 高梨 治
発行所 : 株式会社**小鳥遊《たかなし》書房**
〒 102-0071　東京都千代田区富士見 1-7-6-5F
電話 03 (6265) 4910（代表）／ FAX　03 (6265) 4902
https://www.tkns-shobou.co.jp

装幀　坂川朱音（朱猫堂）
印刷　モリモト印刷(株)
製本　(株) 村上製本所

ISBN978-4-909812-94-0　C0074